AF409016

Nueva Época N° 2

2

Buenos Aires Poetry

BUENOS
AIRES
POETRY

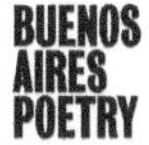

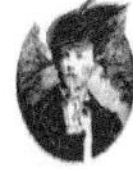

Buenos Aires Poetry n° 2 (Nueva Época) | Volumen 1 | Año 1 | 2024

124 p. ; 15,24 x 22,86 cm.

ISBN: 978-987-8470-95-5 | ISSN WEB: 1853-5887

Indexado a Latindex (folio 23408)

Capital Federal, Buenos Aires, Argentina.

Dirección: Juan Arabia

Diseño Editorial: Camila Evia

Colaboran en este número: Patricio Ferrari — Ignacio Oliden — Valentina Landa — David Taranco — Yilin Wang — Eiléan Ní Chuilleanáin — Pádraig Ó Tuama — Liang Ping 梁平 — Qi Fengyan — Diane Seuss — Radu Vancu — Mattia Tarantino — Miguel Ángel Zapata — Sebastian Arroy — Lyz Sáenz — Anahí Maya Garvizu — Francisco Castro Videla — Didier Armas — Carlos Egaña

www.buenosairespoetry.com

www.editorialbuenosairespoetry.com

editorial@buenosairespoetry.com

Buenos Aires Poetry

p. 09   **Crítica Literaria**

p. 11   **Anne Sexton** Entrevista (Boston Magazine, Agosto, 1968) | Brigitte Weeks

p. 27   Yo recuerdo a **Dylan Thomas** | **Louis MacNeice**

p. 39   El ideograma chino | **Ezra Pound**

p. 51   **Poesía** Traducción

p. 53   Qiu Jin 秋瑾
p. 55   Ion Barbu
p. 57   Chūya Nakahara 中原 中也
p. 61   Robert Duncan
p. 65   W.S. Merwin
p. 71   Mark Kirschen
p. 75   Paul Durcan
p. 79   Eiléan Ní Chuilleanáin
p. 81   Diane Seuss
p. 85   Pádraig Ó Tuama
p. 89   Liang Ping 梁平
p. 93   Radu Vancu
p. 97   Mattia Tarantino

p. 103   **Poesía** actual

p. 105   Miguel Ángel Zapata
p. 108   Sebastian Arroy
p. 110   Lyz Sáenz
p. 112   Anahí Maya Garvizu
p. 114   Francisco Castro Videla
p. 116   Didier Armas
p. 119   Carlos Egaña

Anne Sexton

Dylan Thomas

Louis MacNeice

Ezra Pound

Ernest Fenollosa

Crítica Literaria

Anne Sexton

Interview by Brigitte Weeks
(Boston Magazine, August, 1968)

Although she only began writing poetry in 1957, Anne Sexton has become one of this country's major poets, establishing an intensely personal and candid voice with her first volume of poems, *To Bedlam and Part Way Back*, published in 1960. No less intimate were her next two books, *All My Pretty Ones*, in 1962, and *Live or Die*, in 1966, the latter of which was awarded the Pulitzer Prize for poetry. Born and raised in the Boston area, Mrs. Sexton combines her writing career with being wife and mother in a residential suburb of the city.

Brigitte Weeks (*Boston Magazine*, August, 1968)

——

Have you always lived in New England?

Yes, I've been around here all my life—I grew up in Wellesley and Weston. My husband and I did live in Baltimore and San Francisco for a while, when he was in the Navy.

Anne Sexton

Entrevista por Brigitte Weeks (Boston Magazine, Agosto, 1968)

Aunque sólo empezó a escribir poesía en 1957, Anne Sexton se ha convertido en una de las poetas más importantes de este país, estableciendo una voz intensamente personal y sincera con su primer volumen de poemas, *To Bedlam and Part Way Back*, publicado en 1960. No menos íntimos fueron sus dos siguientes libros, *All My Pretty Ones*, de 1962, y *Live or Die*, de 1966, el último de los cuales recibió el premio Pulitzer de poesía. Nacida y criada en el área de Boston, la Sra. Sexton combina su carrera de escritora con la de esposa y madre en un suburbio residencial de la ciudad.

Brigitte Weeks (*Boston Magazine*, Agosto, 1968)

—

¿Siempre has vivido en Nueva Inglaterra?

Sí, he vivido aquí toda mi vida; crecí en Wellesley y Weston. Mi esposo y yo vivimos en Baltimore y San Francisco por un tiempo, cuando él estaba en la Marina.

I was interested to read somewhere that you had never had a college education. Was that by choice, or by circumstance?

Well, that's often said about me, but it isn't quite true. I did go to college for a year, to Garland. It's a junior college. I studied mostly cooking, sewing, and childcare—things like that. Then I eloped.

You must have been fairly young.

Nineteen.

What is your husband's profession?

He's a wool salesman.

What is his attitude to your poetry?

Well, he's not really that interested. He does occasionally read my books when they're finished, but I don't think he really likes poetry very much. It's probably a very good thing for me. You need to be detached from your work sometimes.

What was your reaction to winning the Pulitzer Prize with Live or Die?

Of course, I was very excited, though I was surprised too. I thought both the other books were as good, and since they didn't win a Pulitzer, I thought no book of mine ever would.

Do you have a new book under way?

Yes, I just sent the manuscript to my publishers, so that now I'm in kind of a dead period. That always happens after completing a book. Your heart is still with it until you actually see the galleys, but when I hold

Me interesó leer en alguna parte que nunca habías recibido una educación universitaria. ¿Fue por elección o circunstancias?

Bueno, eso se dice a menudo de mí, pero no es del todo cierto. Fui a la universidad durante un año, a Garland. Es un colegio universitario. Estudié principalmente cocina, costura y puericultura, cosas así. Luego me fugué.

Debes haber sido bastante joven.

Diecinueve.

¿Cuál es la profesión de tu marido?

Es vendedor de lana.

¿Cuál es su actitud hacia tu poesía?

Bueno, en realidad no está tan interesado. De vez en cuando lee mis libros cuando los termino, pero no creo que le guste mucho la poesía. Probablemente sea algo muy bueno para mí. A veces necesitas desconectarte de tu trabajo.

¿Cuál fue tu reacción al ganar el Premio Pulitzer con Live or Die?

Por supuesto, estaba muy emocionada, aunque también sorprendida. Pensé que los otros dos libros eran igual de buenos y, como no ganaron un Pulitzer, pensé que ningún libro mío lo ganaría jamás.

¿Tienes un nuevo libro en camino?

Sí, acabo de enviar el manuscrito a mis editores, por lo que ahora estoy en una especie de período muerto. Eso siempre sucede después de terminar un libro. Tu corazón sigue ahí hasta que ves las galeras, pero

the work in my hand it seems to have a kind of unity, especially if I like the look of it, and my publishers have always made nice-looking books for me.

Does the new book have a dominant theme?

It's called *Love Poems*, so the theme is obvious from that. It's hard for me to be objective about it yet. I'm too close to it and it's still like looking at it through magnified lenses. I wasn't really sure of the others but now it's more difficult since I have something to live up to. In the beginning I was just thrilled to have a book published. But I do think this is a happier book than the others. My poetry has tended to become more imagistic.

Does that make it more obscure?

No, I certainly hope not. In my early books there were always one or two poems that I thought people would not understand. I don't think there are any of those in the new book if that is important. The main thing is to communicate, so I want my poems to be immediately comprehensible. For me poems are verbal happenings. I start with a feeling—no more than that. Then you must open up, lay yourself open to all possibilities. The next stage, I think, is ordering it for clarity and to make a meaningful impact. Of course, opening a poem up to all possibilities makes bad lines inevitable. That's why I go through so many drafts for one poem. I used to spend all my time writing poetry, but I don't write as much now. I think some of the sensation goes on in my head and never reaches paper.

Does anyone beside yourself play an active part in the selection process?

Not really—well, I do have a close friend who is a poet too and sometimes I read them to her in first draft. She has an understanding of the process because she writes poetry herself. I sometimes take her advice,

cuando tengo la obra en mis manos parece tener una especie de unidad, especialmente si me gusta su apariencia, y mis editores siempre me han hecho libros bonitos.

¿Tiene un tema dominante el nuevo libro?

Se llama *Love Poems*, por lo que el tema es obvio. Aún me resulta difícil ser objetiva al respecto. Estoy demasiado cerca y todavía es como mirarlo a través de lentes de aumento. No estaba muy segura de los otros libros pero ahora es más difícil porque tengo algo que cumplir. Al principio estaba simplemente emocionada de que se publicara un libro. Pero sí creo que este es un libro más feliz que los demás. Mi poesía ha tendido a volverse más imaginativa.

¿Eso lo hace más oscuro?

No, ciertamente espero que no. En mis primeros libros siempre había uno o dos poemas que pensé que la gente no entendería. No creo que haya ninguno de esos en el nuevo libro, si eso es importante. Lo principal es comunicar, por eso quiero que mis poemas sean inmediatamente comprensibles. Para mí los poemas son acontecimientos verbales. Empiezo con un sentimiento, nada más que eso. Entonces debes abrirte, abrirte a todas las posibilidades. Creo que la siguiente etapa es ordenarlo, para que quede claro y para lograr un impacto significativo. Por supuesto, abrir un poema a todas las posibilidades hace inevitables los versos malos. Por eso reviso tantos borradores de un poema. Solía pasar todo mi tiempo escribiendo poesía, pero ahora no escribo tanto. Creo que parte de la sensación continúa en mi cabeza y nunca llega al papel

¿Alguien aparte de ti participa activamente en el proceso de selección?

En realidad no… Bueno, tengo una amiga cercana que también es poeta y a veces le leo los primeros borradores. Ella comprende el proceso porque

especially if I'm unsure of myself. If I know that I'm right, I don't take any advice. I suppose all poets have a little critic in their heads. I do—but you have to turn off the little critic while you are beginning a poem so that it doesn't inhibit you. Then you have to turn it on again when you are revising and refining. That's a very important stage.

People are always fascinated with the mechanics of how writing happens. Do you work to any regular system?

Not really. Sometimes I get the feeling that there is a poem around. It's a kind of heightened awareness, like a shot of adrenaline. Sometimes nothing happens. But when I do start to write it is a very concentrated process. I don't stop—even the children know now that when Mommy's writing she mustn't be disturbed. Of course, that wasn't the case when they were small. I was often disturbed then!

Did being interrupted ever cause you to lose a poem, the way Coleridge forgot the end of "Kubla Khan" when someone came to the door?

I don't think so—perhaps. But if it was important it would come back in some form or other.

If the creation of a poem is a matter of sudden inspiration, apparently arbitrary, do you think that education and training are of little real aid to a writer or a poet?

No, I don't, definitely not. It's just like a runner getting into training or a fighter hitting a punching bag. You need to be in shape. You need the means, the equipment to be equal to the moment of inspiration when it comes. Otherwise, you can do nothing.

ella misma escribe poesía. A veces sigo su consejo, especialmente si no estoy segura de mí misma. Si sé que tengo razón, no sigo ningún consejo. Supongo que todos los poetas tienen un pequeño crítico en la cabeza. Lo tengo, pero tienes que apagar al pequeño crítico mientras comienzas un poema para que no te inhiba. Luego tendrás que volver a activarlo cuando estés revisando y refinando. Esa es una etapa muy importante.

> *La gente siempre está fascinada con la mecánica de cómo se escribe. ¿Trabajas con algún sistema regular?*

No precisamente. A veces tengo la sensación de que hay un poema en el aire. Es una especie de conciencia intensificada, como una inyección de adrenalina. A veces no pasa nada. Pero cuando empiezo a escribir es un proceso muy concentrado. No me detengo; ahora incluso los niños saben que cuando mamá escribe no se la debe molestar. Por supuesto, ese no era el caso cuando eran pequeños, ¡cuando me interrumpían a menudo!

> *¿Alguna vez una interrupción te hizo perder un poema, de la misma manera que Coleridge olvidó el final de "Kubla Khan" cuando alguien llamó a la puerta?*

No lo creo… tal vez. Pero si fuera importante, volvería de una forma u otra.

> *Si la creación de un poema es una cuestión de inspiración repentina, aparentemente arbitraria, ¿crees que la educación y la formación son de poca ayuda real para un escritor o un poeta?*

No, no lo creo, definitivamente no. Es como un corredor entrenando o un luchador golpeando un saco de boxeo. Necesitas estar en forma. Necesitas los medios, el equipamiento para estar a la altura del momento de la inspiración cuando llegue. De lo contrario, no podrás hacer nada.

I notice that when you are speaking of your poetry the words truth, excitement, and magic often recur—are they crucial?

Yes, that and courage. You need courage to overcome the little inherent deceits in yourself and stamina to bring the truth alive in a poem. That is what I mean by truth—there is a lot of unconscious truth in a poem. In some ways, as you see me now, I am a lie. The crystal truth is in my poetry.

Do you learn about yourself from this truth revealed unconsciously in your poetry?

I think I could. Sometimes I don't know whether I want to. I suppose it's like willingness to remember a dream. You don't remember what you want to suppress.

Can you analyze the magic any more closely?

I can't, but then I'm not sure that I want to. Obviously it is your job to try to analyze, but in a way it is mine to try to hide. I don't really know what the magic is—as I said before it begins with a kind of heightened awareness.

Is it difficult to discipline this magic into poetic form?

No, I often work to a very rigid form, although not so often as when I began writing poetry. My conventions are my own, but if the magic is there I can work with almost any form. It often changes with each section of a poem.

Is the form dictated by the subject matter?

No, more by the look of the first line—the way it feels. At first I did not make my own forms. I used to copy other people's forms, like Edna St. Vincent Millay's, for example. Then one day I decided to formulate my own.

Observo que cuando hablas de tu poesía las palabras verdad, emoción y magia suelen repetirse: ¿son cruciales?

Sí, eso y valentía. Necesitas valentía para superar los pequeños engaños inherentes a ti mismo y resistencia para darle vida a la verdad en un poema. Eso es lo que quiero decir con verdad: hay mucha verdad inconsciente en un poema. En cierto modo, como me ves ahora, soy una mentira. La verdad cristalina está en mi poesía.

¿Aprendes sobre ti misma a partir de esta verdad revelada inconscientemente en tu poesía?

Creo que podría. A veces no sé si quiero. Supongo que es como la voluntad de recordar un sueño. No recuerdas lo que quieres suprimir.

¿Puedes analizar la magia más de cerca?

No puedo, pero tampoco estoy segura de querer hacerlo. Obviamente es tu trabajo intentar analizar, pero en cierto modo el mío es tratar de ocultar. Realmente no sé qué es la magia; como dije antes, comienza con una especie de conciencia intensificada.

¿Es difícil disciplinar esta magia en forma poética?

No, a menudo trabajo de forma muy rígida, aunque no tan a menudo como cuando comencé a escribir poesía. Mis convenciones son mías, pero, si la magia está ahí, puedo trabajar con casi cualquier forma. A menudo cambia con cada sección de un poema.

¿La forma está dictada por el tema?

No, más por el aspecto de la primera línea: la forma en que se siente. Al principio no hice mis propias formas. Solía copiar las formas de otras

Birth, death, and love seem to have been the dominant themes in your poetry. Do you think they are crucial poetic themes?

Yes, I do. I often find that it is a test of a poet's ability to write an elegy on, say, the death of a parent. If a poet proves equal to such a demand then usually he has the magic.

If birth is a crucial theme of poetry, does that mean that men are denied a whole area of poetic expression?

No I don't think so. Women don't like it said, but I think men are just as capable as women of understanding the experience of birth—for instance, they can bear forth poems. The difference in human birth is just that it is a physical exchange. A father's love can be just as intense as a mother's.

Birth and death deal with specific incidents confined by time. It seems to me that the more diffuse nature of love must make it a more demanding theme. Birth and death were dominant themes in your first three books. Do you think the fact that the new volume is called Love Poems indicates a progression?

I hadn't thought of it quite like that, but I suppose you are right. I do think it is harder to write well about love. In some ways the love poems are all a celebration of touch—that's the name of the first poem—but physical and emotional touch. It is a very physical book.

Why do you say in your poem "The Black Art", "when we marry, the children leave in disgust", referring to women writers?

Actually, I was referring to two writers who marry, and then divorce. I don't think that two writers often make satisfactory parents. Children need one parent who is normal. What I mean by that is that one of the characteristics of a writer is his childlike quality. Perhaps that's what my

personas, como las de Edna St. Vincent Millay, por ejemplo. Entonces un día decidí formular la mía.

El nacimiento, la muerte y el amor parecen haber sido los temas dominantes en tu poesía. ¿Crees que son temas poéticos cruciales?

Sí. A menudo encuentro que es una prueba de la capacidad de un poeta escribir una elegía sobre, digamos, la muerte de un padre. Si un poeta demuestra estar a la altura de tal exigencia, normalmente tiene la magia.

Si el nacimiento es un tema crucial de la poesía, ¿significa eso que a los hombres se les niega todo un área de expresión poética?

No, no lo creo. A las mujeres no les gusta que se diga, pero creo que los hombres son tan capaces como las mujeres de comprender la experiencia del parto; por ejemplo, pueden escribir poemas. La diferencia en el nacimiento humano es precisamente que se trata de un intercambio físico. El amor de un padre puede ser tan intenso como el de una madre.

El nacimiento y la muerte tratan de incidentes específicos, limitados por el tiempo. Me parece que la naturaleza más difusa del amor debe convertirlo en un tema más exigente. El nacimiento y la muerte fueron temas dominantes en sus primeros tres libros. ¿Crees que el hecho de que el nuevo volumen se llame Love Poems indica una progresión?

No lo había pensado así, pero supongo que tienes razón. Creo que es más difícil escribir correctamente sobre el amor. En cierto modo, todos los poemas de amor son una celebración del tacto (ese es el nombre del primer poema), pero del tacto físico y emocional. Es un libro muy físico.

¿Por qué dices en tu poema "El arte negro", "cuando nos casamos, los hijos se van disgustados", refiriéndote a las mujeres escritoras?

children mean when they say they'd like a "regular mommy". They are reacting to the childlike side of me. They probably also mean someone who spends more time than I do baking chocolate chip cookies.

How old are your daughters?

Twelve and fourteen.

Do they read your poetry?

Sometimes—they read the poems about themselves.

How do they react?

I think they take it for granted. They've grown up with it. Just lately they have started to dislike it. They want to be themselves and don't like to be interviewed and photographed. It's understandable.

Are people in general influenced in their attitude to you by the way you write?

Yes. People are always afraid of writers. They always expect to be written about. It's like talking to a psychoanalyst at a cocktail party. You always imagine he's analyzing you, and of course he's not. It is different with writers though, for in a sense they never take time off. They are always listening to words. I often say to my friends: "Can I have that?" I find people are often nervous with me. They think I'm some kind of weird asylum drop-out, but then they find I'm quite ordinary and they are surprised.

En realidad, me refería a dos escritores que se casan y luego se divorcian. No creo que dos escritores sean a menudo padres satisfactorios. Los niños necesitan un padre que sea normal. Lo que quiero decir con esto es que una de las características de un escritor es su cualidad infantil. Quizás eso es lo que quieren decir mis hijos cuando dicen que les gustaría una "mamá normal". Están reaccionando a mi lado infantil. Probablemente también se refieran a alguien que pasa más tiempo que yo horneando galletas con chips de chocolate.

¿Cuántos años tienen tus hijas?

Doce y catorce.

¿Leen tu poesía?

A veces leen poemas que tratan sobre ellas mismas.

¿Cómo reaccionan?

Creo que lo dan por sentado. Han crecido con eso. Últimamente les ha empezado a desagradar. Quieren ser ellas mismas y no les gusta que las entrevisten ni las fotografíen. Es entendible.

¿La actitud de la gente en general hacia ti está influenciada por tu forma de escribir?

Sí. La gente tiene miedo de los escritores. Siempre esperan que se escriba sobre ellos. Es como hablar con un psicoanalista en una fiesta. Siempre imaginas que te está analizando y, por supuesto, no es así. Sin embargo, con los escritores es diferente, porque en cierto sentido nunca se toman un tiempo libre. Siempre están escuchando las palabras. Suelo decir a mis amigos: "¿Puedo quedarme con eso?". Encuentro que la gente a menudo se pone nerviosa conmigo. Creen que soy una especie

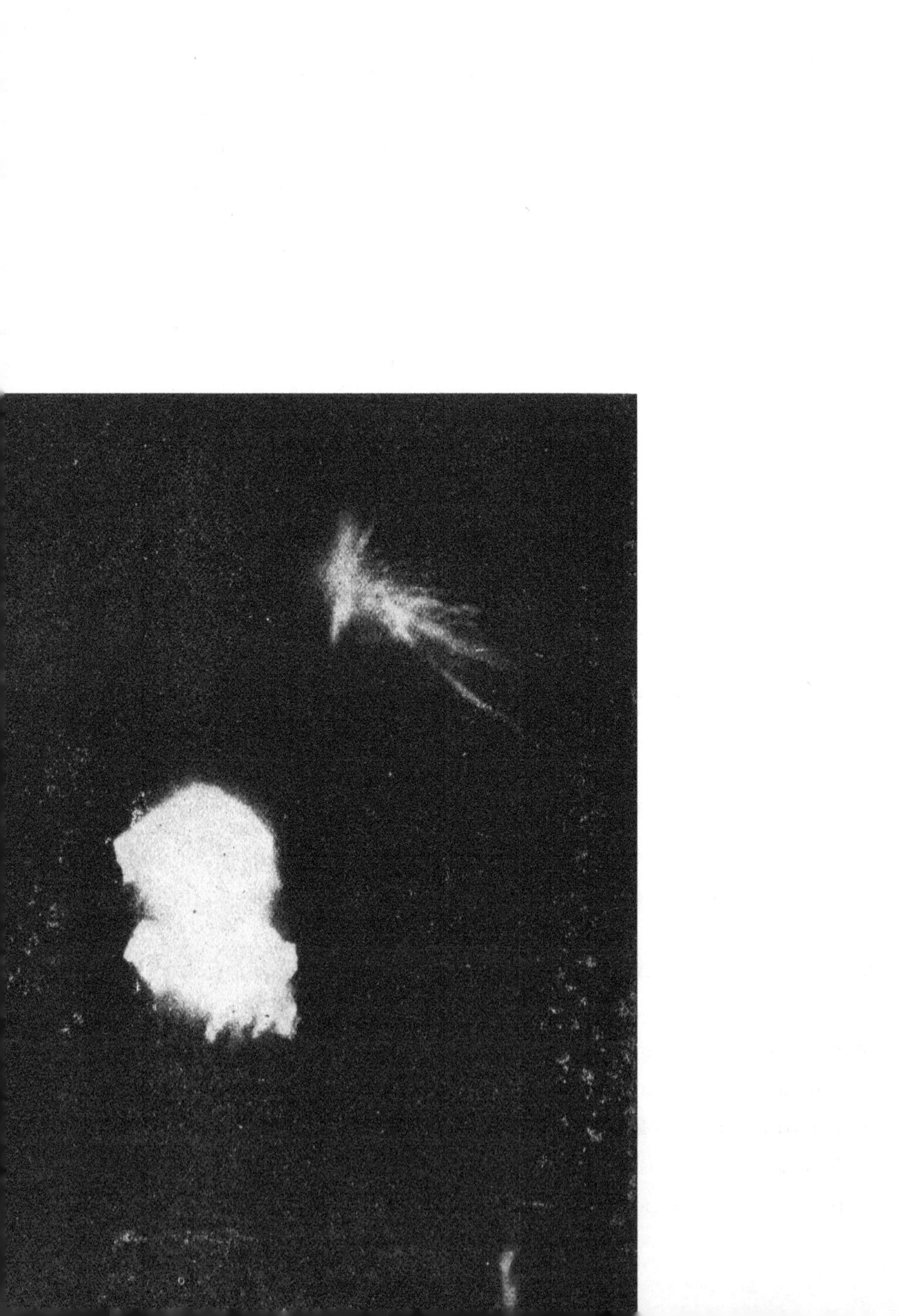

de extraño que abandonó el asilo, pero luego descubren que soy bastante normal y se sorprenden.

Extraído de Anne Sexton, *No evil star: selected essays, interviews, and prose* (Colburn, Steven Ed.), Publisher Ann Arbor: University of Michigan Press, 1985, pp. 112-118

essay

Louis MacNeice

I Remember
Dylan Thomas

A great deal has been written, much of it hastily, about Dylan Thomas and his work since his death last November. Inevitably a rather strange picture has emerged, or rather several strange pictures according to the particular emphasis made by the various authors. For instance, some of the memorial articles emphasized the "Bohemian" qualities of the man, while others emphasized the dedicated, not to say religious, character of the poetry.

To relate the poetry to the man or even to relate his poetry to his other works, such as the prose stories and the radio play *Under Milk Wood*, is certainly by no means easy. What does stick out a mile at first sight is that both as a man and as a writer he was an "Original"—and a very fascinating one. As I was not one of his oldest friends (nor did I ever see him in his family circle) I am much less qualified than several others to assess Dylan Thomas as a whole; all I propose to do here is to record certain personal impressions and reminiscences of him.

I met him first in 1941, so I never knew the slim and faunlike figure which was painted by Augustus John and which, when he was barely grown up, had swept through literary London rather like a forest fire. But, comparing notes with those who knew him from his Swansea

ensayo

Louis MacNeice

Yo recuerdo
a Dylan Thomas

Mucho se ha escrito, en gran parte apresuradamente, sobre Dylan Thomas y su trabajo desde su muerte en noviembre pasado. Inevitablemente, ha surgido una imagen bastante extraña, o más bien varias imágenes extrañas según el énfasis particular realizado por los diversos autores. Por ejemplo, algunos de los artículos conmemorativos enfatizaron las cualidades "bohemias" del hombre, mientras que otros enfatizaron el carácter dedicado, por no decir religioso, de su poesía.

Relacionar la poesía con el hombre o incluso relacionar su poesía con sus otras obras, como las historias en prosa y la obra de radio *Under Milk Wood*, ciertamente no es nada fácil. Lo que llama la atención a primera vista es que, como hombre y como escritor, era "original", y muy fascinante. Como no era uno de sus amigos más antiguos (tampoco lo vi nunca en su círculo familiar), estoy mucho menos calificado que varios otros para evaluar a Dylan Thomas en su conjunto; todo lo que me propongo hacer aquí es registrar ciertas impresiones personales y reminiscencias de él.

Lo conocí por primera vez en 1941, así que nunca conocí la figura esbelta y parecida a un fauno que pintó Augustus John y que, cuando apenas era un adulto, se había extendido por el Londres litera-

schooldays, I realize that Dylan was always the same Dylan, perhaps because in a sense (a good sense) one could say that he had never entirely grown up. He retained the alertness and bubble of a child and also a child's integrity (which last does not of course imply that children are, on the business plane, "reliable").

My first meeting with Dylan was not a great success, partly because from the start he was somewhat suspicious of me (as a member of a group of poets whom certain critics, tendentious or naive, had placed in an opposite camp to himself) and partly because I unwittingly confirmed this suspicion by telling him that in his last book there were five—or maybe it was six-poems—which I thought were really good. Dylan obviously considered that such a specification of the good poems was patronizing.

Owing no doubt to this suspicious attitude on his part (which I expect I reciprocated) I cannot remember that at this first meeting he impressed me with that exuberant yet subtle charm which subsequently was to draw me like a magnet whenever I heard that he was in London. Nor can I remember that on that occasion he did or said anything funny.

The Cause of Comedy

Later I realized that, quite apart from his astonishing lyrical gifts, the man was a comic genius—and the cause of comedy in others. Hugh Griffith has compared him to a royal jester who was also the royal bard.

Dylan in his poetry avoided all mention of the urbanized, industrialized, commercialized, politically conscious and embittered modern world. In his life he spent a great deal of time in the very hubs of modernity—London, New York, Chicago, Rome, or Prague—but, however mass-produced the setting and however sophisticated, desiccated, or professionally spiteful the company, he brought his own atmosphere with him. At chromium-plated bar or literary party the weather would change in a wink—the slick generalizations, the cynical poses, would be

rio como un incendio forestal. Pero, comparando notas con quienes lo conocieron en sus días de escuela en Swansea, me doy cuenta de que Dylan siempre fue el mismo Dylan, tal vez porque en cierto sentido (en el buen sentido) se podría decir que nunca creció del todo. Conservó el estado de alerta y la burbuja de un niño y también la integridad de un niño (lo último, por supuesto, no implica que los niños sean, en el plano de los negocios, "confiables").

Mi primer encuentro con Dylan no fue un gran éxito, en parte porque desde el principio desconfió un poco de mí (como miembro de un grupo de poetas que ciertos críticos, tendenciosos o ingenuos, habían colocado en un campo opuesto al suyo) y en parte porque sin saberlo confirmé esta sospecha diciéndole que en su último libro había cinco —o tal vez eran seis poemas— que me parecieron muy buenos. Dylan obviamente consideró que tal especificación de los buenos poemas era condescendiente.

Debido sin duda a esta actitud sospechosa de su parte (que calculo haber correspondido), no puedo recordar que en este primer encuentro me impresionara con ese encanto exuberante pero sutil que posteriormente me atraería como un imán cada vez que supiera que estaba en Londres. Tampoco recuerdo que en esa ocasión hiciera o dijera algo gracioso.

La causa de la Comedia

Más tarde me di cuenta de que, aparte de sus asombrosas dotes líricas, el hombre era un genio cómico, y la causa de la comedia en otros. Hugh Griffith lo ha comparado con un bufón real que también era un bardo real.

Dylan en su poesía evitó toda mención del mundo moderno urbanizado, industrializado, comercializado, políticamente consciente y amargado. En su vida, pasó una gran cantidad de tiempo en los centros de la modernidad —Londres, Nueva York, Chicago, Roma o Praga—, pero, por muy producido que fuera el escenario y por muy sofisticada,

punctured, and the people would remember they were human.

I gradually got to know Dylan through my work for the BBC, where as a producer I realized that he was a god-send to radio. His famous "organ voice" was already well known in straightforward readings of verse, but the same voice, combined with his sense of character, could be used for all sorts of strange purposes.

I cast him (and was never disappointed) in a variety of dramatic parts, including that of a funereal but benevolent raven in a dramatized fairy story. What was more surprising was that he was capable, when necessary, of underplaying—but the need for this had to be made clear to him. He took his radio acting very seriously and between rehearsals would always keep asking if he were giving satisfaction. He was a joy to have around in the studio, causing a certain amount of anxiety to the studio managers, who could never be sure that he would speak into the right microphone, and a great deal of delight to the rest of the cast who particularly admired the queer little dance steps that he always performed (it seems quite unconsciously) while broadcasting.

A Cricket Match

It was not, however, till he had worked for me several times in radio shows that Dylan and I spent a whole day together in recreation. We met about eleven in the morning and went immediately to Lord's cricket ground, having typically failed to check that the match which we wished to see was still on. The match being already over, we decided to switch to the Oval but, since Dylan remembered that somewhere between Lord's and the Oval there was a very good underground wine bar, we drank champagne (which neither of us could afford) till three, after which we did go to the Oval, where he poured out much curious lore about cricketers' private lives, all of it funny and most of it, I fancy, true.

We ended the day eating Portuguese oysters. After that we were always, I think, at ease with each other.

"A small round comfortable man" was his own description of

seca o profesionalmente rencorosa que fuera la empresa, él llevó consigo su propia atmósfera. En un bar cromado o en una fiesta literaria, el clima cambiaría en un abrir y cerrar de ojos: las generalizaciones hábiles, las poses cínicas, se perforarían y la gente recordaría que era humana.

Poco a poco fui conociendo a Dylan a través de mi trabajo para la BBC, donde como productor me di cuenta de que era un regalo del cielo para la radio. Su famoso "aparato fonador" era ya bien conocido en lecturas sencillas de versos, pero la misma voz, combinada con su sentido del carácter, podía usarse para todo tipo de propósitos extraños.

Lo escogí (y nunca me decepcionó) para una variedad de papeles dramáticos, incluido el de un cuervo fúnebre pero benévolo en un cuento de hadas dramatizado. Lo más sorprendente era que era capaz, cuando era necesario, de restarle importancia, pero había que dejarle clara la necesidad de hacerlo. Se tomaba muy en serio su actuación radiofónica y entre los ensayos siempre preguntaba si estaba dando satisfacciones. Fue un placer tenerlo en el estudio, causando cierta ansiedad a los gerentes del estudio, que nunca podían estar seguros de que hablaría por el micrófono adecuado, y una gran alegría para el resto del elenco, que en particular admiraba los extraños pequeños pasos de baile que siempre realizaba (bastante inconscientemente) mientras transmitía.

Un partido de críquet

Sin embargo, no fue hasta que él trabajó para mí varias veces en programas de radio que Dylan y yo pasamos un día entero juntos en recreación. Nos reunimos alrededor de las once de la mañana y fuimos de inmediato al Lord's cricket ground, sin haber verificado que el partido que deseábamos ver todavía estuviera en marcha. Como ya había terminado el partido, decidimos cambiarnos al Oval pero, como Dylan recordó que en algún lugar entre Lord's y el Oval había un bar de vinos subterráneo muy bueno, bebimos champagne (que ninguno de nosotros podía pagar) hasta las tres, después de lo cual fuimos al Oval, donde de-

himself; sometimes he said "a little fat fool", but the fool should have a capital F. Like many great clowns he was under the average height but he held himself very straight and his presence was not only dignified but, less expectedly, dapper. He dressed in an "artistic" way but never looked slovenly, just as he spoke and acted unconventionally and yet somehow gave an impression not only of ingrained courtesy but of a certain respect for conventions; only the conventions were his own. His Byronic curls were usually countered by a neat bow tie; the Byronic open neck would have shocked him.

When he entered any company there was always a regrouping and Dylan became the centre. Once in the centre, he began to twinkle and sparkle, talking through a cigarette that grew from the corner of his mouth until, since he had no time to knock the ash off, it became one pure stream of ash sustained in the air by a miracle. His eyes (gooseberry and bogwater) would roll with a warm-hearted mischief, his bulbous body and face would seem light and gay as a balloon at a children's party, and his words would caper. He warmed any room that he entered; which is why since his death certain places seem unnaturally chilly to his friends.

A special event, the memory of which I cherish largely owing to Dylan, was a very formal poetry reading given for the present Queen Mother (she was then the Queen) in the Wigmore Hall, London, shortly after the war. The readers were an assortment of well-known actors and poets, including Edith Evans, Edith Sitwell, John Gielgud, John Masefield, and Walter de la Mare. We were instructed to report behind the stage a quarter of an hour before the Queen was due to arrive. Everyone turned up on time except Dylan, who was never noted for punctuality.

We waited for him in something of an anxious gloom which was enhanced by the sombre dark suits all the men had put on for the occasion. At last he appeared, with about two minutes to spare, and walked straight up to a full-length mirror which stood in the middle of the green room.

rramó muchas historias curiosas sobre la vida privada de los jugadores de críquet, todas graciosas y la mayoría, me imagino, verdaderas.

Terminamos el día comiendo ostras a la portuguesa. Después de eso, creo que siempre nos sentimos cómodos el uno con el otro.

"Un hombre pequeño, redondo y cómodo" era su descripción de sí mismo; a veces decía "un pequeño y gordo tonto", pero el tonto debería tener una T mayúscula. Como muchos grandes payasos, estaba por debajo de la estatura promedio, pero se mantenía muy erguido y su presencia no solo era digna sino, menos esperado, elegante. Se vestía de manera "artística" pero nunca se veía desaliñado, así como hablaba y actuaba de manera poco convencional y, sin embargo, de alguna manera daba la impresión no solo de una cortesía arraigada, sino también de cierto respeto por las convenciones; solo que las convenciones eran las suyas. Sus rizos byronianos solían contrarrestarse con una pulcra corbata de lazo; el cuello abierto de byroniano le habría escandalizado.

Cuando entraba en compañía siempre había una reagrupación y Dylan se convertía en el centro. Una vez en el centro, comenzaba brillar y centellear; hablando a través de un cigarrillo que crecía en la comisura de su boca hasta que, como no tenía tiempo de quitarle la ceniza, se convertía en un puro chorro de ceniza sostenido en el aire por un milagro. Sus ojos (grosella espinosa y agua de pantano) rodarían con una cálida picardía, su cuerpo y rostro bulbosos parecerían ligeros y alegres como un globo en una fiesta infantil, y sus palabras harían travesuras. Calentaba cualquier habitación en la que entraba; por eso, desde su muerte, ciertos lugares parecen anormalmente fríos para sus amigos.

Un evento especial, cuyo recuerdo atesoro en gran parte gracias a Dylan, fue una lectura de poesía muy formal dada a la actual reina madre (ella era entonces la reina) en el Wigmore Hall, Londres, poco después de la guerra. Los lectores eran una variedad de actores y poetas conocidos, incluidos Edith Evans, Edith Sitwell, John Gielgud, John Masefield y Walter de la Mare. Se nos indicó que nos presentáramos detrás del escenario un cuarto de hora antes de la llegada de la reina. Todos llegaron a tiempo excepto Dylan, que nunca se destacó por su puntualidad.

What he saw in it appeared to shake him. He was wearing, if I remember correctly, a thick shaggy sports jacket of striking blue tweed, a couple of half-buttoned cardigans and beneath them a green flannel sports shirt, a tie pulled askew, and, to cap—or rather to underpin—it all, a pair of blue and white check trousers such as comedians used to wear in music halls.

Having postured and puzzled for some moments in front of the mirror, he turned and looked us up and down in all our sabbatical formality and then came to me with a proposition. As only one reader was to be on the stage at a time, would I lend him my suit whenever he had to go on? Looking at Dylan and comparing his shape and structure with my own, and then looking at our distinguished colleagues before whom we should have to go through these lightning changes I suggested (though I felt rather a cad) that he would look much better the way he was. So he stayed the way he was and he did look much better—and much better, I might add, than most of us. The first poem he had to read was Blake's "Tiger, Tiger", which had been preceded by a much longer poem, "Kubla Khan", read by an actor who was a specialist in verse reading. This actor stood in the wings as Dylan started, and after hearing the first two words his eyes began to pop and he began to look at his wrist-watch. Blake's "Tiger" came over in all his solemn magnificence… but I have never heard a poem read so slowly.

When Dylan came off, the actor went up to him and said: Dylan! Do you know you took longer over "Tiger, Tiger" than I did over "Kubla Khan'?" Dylan, appearing slightly nettled (but perhaps he was only mock-nettled) replied: Well, I took it as fast as I could. He had in fact, as so often, brought a welcome spice of fantasy into the proceedings, blended (his own special blend) with an equally welcome spice of earthiness.

Lo esperábamos en una especie de melancolía ansiosa que se realzaba con los sombríos trajes oscuros que todos los hombres se habían puesto para la ocasión. Por fin apareció, con unos dos minutos de sobra, y caminó directamente hacia un espejo de cuerpo entero que estaba en medio de la verde sala.

Lo que vio en él pareció sacudirlo. Llevaba, si mal no recuerdo, una chaqueta deportiva gruesa y peluda de llamativo tweed azul, un cardigan abotonado y debajo una camisa deportiva de franela verde, una corbata torcida y, para rematar —o más bien para apuntalar— todo, un par de pantalones de cuadros azules y blancos como los que usaban los comediantes en los teatros de variedades.

Después de posar y desconcertarse por algunos momentos frente al espejo, se volvió y nos miró de arriba abajo con toda nuestra formalidad sabática y luego se acercó hasta mí con una propuesta. Como solo un lector debía estar en el escenario a la vez, ¿le prestaría mi traje cada vez que tuviera que leer? Mirando a Dylan y comparando su forma y estructura con las mías, y luego mirando a nuestros distinguidos colegas ante los cuales tendríamos que pasar por estos vertiginosos cambios, sugerí (aunque me sentí un poco tonto) que se vería mucho mejor de la forma en que estaba. Así que se quedó como estaba y se veía mucho mejor, y mucho mejor, debo añadir, que la mayoría de nosotros. El primer poema que tuvo que leer fue "Tiger, Tiger" de Blake, que había sido precedido por un poema mucho más largo, "Kubla Khan", leído por un actor especialista en lectura de versos. Este actor se paró entre bastidores cuando Dylan comenzó, y después de escuchar las dos primeras palabras, sus ojos comenzaron a desorbitarse y comenzó a mirar su reloj de pulsera. El "Tiger" de Blake apareció en toda su magnificencia solemne… Pero nunca he escuchado un poema leído tan despacio.

Cuando Dylan salió, el actor se le acercó y le dijo: ¡Dylan! ¿Sabes que tardaste más en "Tiger, Tiger" que en "Kubla Khan"? Dylan, que parecía un poco irritado (pero tal vez lo estaba solo en broma) respondió: bueno, lo hice tan rápido como pude. De hecho, como tan a menudo, había aportado al proceso un agradable toque de fantasía,

Joy of Life

A born actor and mixer, he exuded an immense joy of life and also a love of human beings. In the last few months before his death a shadow appeared to creep in, partly I think owing to ill health and partly to the imminence of that spiritual crisis which most poets have to face when they are approaching forty; I first noticed this in him in New York in April of last year. But the few times I met him in London during the following summer he was as wonderful company as ever. We spent one afternoon together at Lord's, where we were lucky enough to see Denis Compton make a century—and that in his earlier, more carefree and impudent manner. Dylan was delighted since Compton, whose batting he described as "feline", was one of his favourite cricketers. I think he felt a natural affinity with anyone in any sphere who combined, as Dylan himself did, originality and technical skill.

The last time I saw him was the night before he flew to America, a country which amused him vastly. But for once he seemed sad to go. He kept harping on a headline in one of the day's papers (a peculiarly comic and wicked double meaning); he mimicked a simple millionaire whom he'd met that morning; he tried to persuade an old Cockney to sing us a ribald ballad. Then he felt ill and went home, carrying himself straight as usual, with the usual warm smile over his shoulder.

mezclado (su propia mezcla especial) con un igualmente agradable toque de especia terrenal.

Alegría de vivir

Actor y agitador nato, destilaba una inmensa alegría de vivir y también amor por el ser humano. En los últimos meses antes de su muerte una sombra pareció deslizarse sobre él, en parte creo que por mala salud y en parte por la inminencia de esa crisis espiritual que la mayoría de los poetas tienen que enfrentar cuando se acercan a los cuarenta; primero noté esto en él en Nueva York en abril del año pasado. Pero las pocas veces que lo vi en Londres durante el verano siguiente fue una compañía tan maravillosa como siempre. Pasamos una tarde juntos en Lord's, donde tuvimos la suerte de ver a Denis Compton marcar cien carreras, nada menos que en su estilo anterior, más despreocupado y descarado. Dylan estaba encantado ya que Compton, cuyo bateo describió como "felino", era uno de sus jugadores de críquet favoritos. Creo que sentía una afinidad natural con cualquier persona en cualquier ámbito que combinara, como el propio Dylan, originalidad y habilidad técnica.

La última vez que lo vi fue la noche antes de que volara a Estados Unidos, un país que lo divertía mucho. Pero por primera vez parecía triste de irse. No dejaba de insistir en un titular de uno de los periódicos del día (un doble sentido peculiarmente cómico y perverso); imitaba a un simple millonario que había conocido esa mañana; trató de persuadir a un viejo cockney para que nos cantara una balada obscena. Luego se sintió mal y se fue a casa, erguido como de costumbre, con la habitual cálida sonrisa sobre su hombro.

Extraído de Louis MacNeice, *Selected literary criticism of Louis MacNeice*, Publisher Oxford [Oxfordshire]: Clarendon Press; New York: Oxford University Press, 1987, pp. 194-199 | Traducción de Juan Arabia

essay

Ezra Pound

The Chinese Ideogram

From *ABC of Reading* by Ezra Pound. This is a summary statement of Professor Ernest Fenollosa's "The Chinese Written Character as a Medium for Poetry", an invaluable essay which was adopted and published, posthumously, by Pound.

Fenollosa's essay was perhaps too far ahead of his time to be easily comprehended. He did not proclaim his method as a method.

He was trying to explain the Chinese ideograph as a means of transmission and registration of thought. He got to the root of the matter, to the root of the difference between what is valid in Chinese thinking and invalid or misleading in a great deal of European thinking and language.

The simplest statement I can make of his meaning is as follows:
In Europe, if you ask a man to define anything, his definition always moves away from the simple things that he knows perfectly well, it recedes into an unknown region, that is a region of remoter and progressively remoter abstraction.

Thus if you ask him what red is, he says it is a "colour".

Ezra Pound

El ideograma chino

Del *ABC of Reading* de Ezra Pound. Esta es una declaración resumida de "El carácter escrito chino como medio para la poesía" del profesor Ernest Fenollosa, un ensayo invaluable que fue adoptado y publicado póstumamente por Pound.

El ensayo de Fenollosa quizás estaba demasiado adelantado a su tiempo como para ser fácilmente comprendido. Él no proclamó su método como método.

Intentaba explicar el ideograma chino como medio de transmisión y registro del pensamiento. Llegó a la raíz del asunto, a la raíz de la diferencia entre lo que es válido en el pensamiento chino y lo que es inválido o engañoso en gran parte del pensamiento y el lenguaje europeos.

El enunciado más simple que puedo hacer de su significado es la siguiente: en Europa, si le pides a un hombre que defina algo, su definición siempre se aleja de las cosas simples que él conoce perfectamente bien, retrocede a una región desconocida, que es una región de abstracción cada vez más remota.

Así, si le preguntas qué es el rojo, te dirá que es un "color".

If you ask him what a colour is, he tells you it is a vibration or a refraction of light, or a division of the spectrum.

And if you ask him what vibration is, he tells you it is a mode of energy, or something of that sort, until you arrive at a modality of being, or non-being, or at any rate you get in beyond your depth, and beyond his depth.

In the middle ages when there wasn't any material science, as we now understand it, when human knowledge could not make automobiles run, or electricity carry language through the air, etc., etc., in short, when learning consisted in little more than splitting up of terminology, there was a good deal of care for terminology, and the general exactitude in the use of abstract terms may have been (probably was) higher.

I mean a mediaeval theologian took care not to define a dog in terms that would have applied just as well to a dog's tooth or its hide, or the noise it makes when lapping water; but all your teachers will tell you that science developed more rapidly after Bacon had suggested the direct examination of phenomena, and after Galileo and others had stopped discussing things so much, and had begun really to look at them, and to invent means (like the telescope) of seeing them better.

The most useful living member of the Huxley family has emphasized the fact that the telescope wasn't merely an idea, but that it was very definitely a technical achievement.

By contrast to the method of abstraction, or of defining things in more and still more general terms, Fenollosa emphasizes the method of science, "which is the method of poetry", as distinct from that of "philosophic discussion", and is the way the Chinese go about it in their ideograph or abbreviated picture writing.

Si le preguntas qué es un color, te dirá que es una vibración o una refracción de la luz, o una división del espectro.

Y si le preguntas qué es la vibración, te dirá que es un modo de energía, o algo por el estilo, hasta que llegas a un modo de ser, o de no ser, o en todo caso te adentras más allá de tu profundidad, y más allá de su profundidad.

En la Edad Media cuando no existía ninguna ciencia material, tal como la entendemos ahora, cuando el conocimiento humano no podía hacer andar los automóviles, ni la electricidad llevar el lenguaje por el aire, etc., etc., en fin, cuando el saber consistía en poco más que la partición de terminologías, hubo mucho cuidado por la terminología, y la exactitud general en el uso de términos abstractos puede haber sido (probablemente lo fue) mayor.

Me refiero a que un teólogo medieval se cuidó de no definir un perro en términos que se habrían aplicado igualmente a un diente de perro o a su cuero, o al ruido que hace al lamer el agua; pero todos los maestros nos dirán que la ciencia se desarrolló más rápidamente después de que Bacon sugirió el examen directo de los fenómenos, y después de que Galileo y otros dejaron de discutir tanto las cosas y empezaron a mirarlas realmente.

El miembro vivo más útil de la familia Huxley ha enfatizado el hecho de que el telescopio no fue simplemente una idea, sino que definitivamente fue un logro técnico.

Frente al método de abstracción, o de definir las cosas en términos cada vez más generales, Fenollosa destaca el método de la ciencia, "que es el método de la poesía", a diferencia del de la "discusión filosófica", y es la forma en que los chinos lo hacen en su ideograma o escritura pictórica abreviada.

To go back to the beginning of history, you probably know that there is spoken language and written language, and that there are two kinds of written language, one based on sound and the other on sight.

You speak to an animal with a few simple noises and gestures.

Levy-Bruhl's account of primitive languages in Africa records languages that are still bound up with mimicry and gesture.

The Egyptians finally used abbreviated pictures to represent sounds, but the Chinese still use abbreviated pictures AS pictures, that is to say, Chinese ideogram does not try to be the picture of a sound, or to be a written sign recalling a sound, but it is still the picture of a thing; of a thing in a given position or relation, or of a combination of things. It means the thing or the action or situation, or quality germane to the several things that it pictures.

Gaudier-Brzeska, who was accustomed to looking at the real shape of things, could read a certain amount of Chinese writing without ANY STUDY. He said, "Of course, you can see it's a horse" (or a wing or whatever).

In tables showing primitive Chinese characters in one column and the present "conventionalized" signs in another, anyone can see how the ideogram for man or tree or sunrise developed, or "was simplified from", or was reduced to the essentials of the first picture of man, tree or sunrise.

Thus

人 man		日 sun
木 tree		東 sun tangled in the tree's branches, as at sunrise, meaning now the East.

Para volver al comienzo de la historia, probablemente sepas que hay lenguaje hablado y lenguaje escrito, y que hay dos tipos de lenguaje escrito, uno basado en el sonido y otro en la vista.

A un animal le hablas con simples ruidos y gestos.

El relato de Levy-Bruhl sobre las lenguas primitivas en África registra lenguas que todavía están ligadas a la mímica y el gesto.

Los egipcios finalmente usaron imágenes abreviadas para representar sonidos, pero los chinos todavía usan imágenes abreviadas COMO imágenes, es decir, el ideograma chino no intenta ser la imagen de un sonido, o ser un signo escrito que recuerda un sonido, sino que sigue siendo la imagen de una cosa; de una cosa en una posición o relación dada, o de una combinación de cosas. Significa la cosa, la acción, la situación, o la cualidad relacionada con las diversas cosas que representa.

Gaudier-Brzeska, que estaba acostumbrado a mirar la forma real de las cosas, podía leer una cierta cantidad de escritura china sin NINGÚN ESTUDIO. Él dijo: "Por supuesto, puedes ver que es un caballo" (o un ala o lo que fuera).

En las tablas que muestran los caracteres chinos primitivos en una columna y los signos "convencionalizados" actuales en otra, cualquiera puede ver cómo se desarrolló el ideograma para hombre, árbol, o amanecer, o cómo "se simplificó", o se redujo a lo esencial de la primera imagen de hombre, árbol, o amanecer.

Entonces

人 hombre	日 sol
木 árbol	東 sol enredado en las ramas del árbol, como al amanecer, significando ahora el Este.

But when the Chinaman wanted to make a picture of something more complicated, or of a general idea, how did he go about it?

He is to define red. How can he do it in a picture that isn't painted in red paint?

He puts (or his ancestor put) together the abbreviated pictures of

ROSE   CHERRY

IRON RUST   FLAMINGO

That, you see, is very much the kind of thing a biologist does (in a very much more complicated way) when he gets together a few hundred or thousand slides, and picks out what is necessary for his general statement. Something that fits the case, that applies in all of the cases. The Chinese "word" or ideogram for red is based on something everyone KNOWS.

(If ideogram had developed in England, the writers would possibly have substituted the front side of a robin, or something less exotic than a flamingo.)

Fenollosa was telling how and why a language written in this way simply HAD TO STAY POETIC; simply couldn't help being and staying poetic in a way that a column of English type might very well not stay poetic.

He died before getting round to publishing and proclaiming a "method". This is nevertheless the RIGHT WAY to study poetry, or literature, or painting. It is in fact the way the more intelligent members of the

Pero cuando el chino quería hacer una imagen de algo más complicado, o de una idea más general, ¿cómo lo hacía?

Quiere definir el rojo. ¿Cómo puede hacerlo en un cuadro que no está pintado con pintura roja?

Pone (o su antepasado puso) juntas las imágenes abreviadas de

ROSA   CEREZA

ÓXIDO DE HIERRO   FLAMENCO

Esto, como ven, es muy parecido al tipo de cosas que hace un biólogo (de una manera mucho más complicada) cuando reúne unos pocos cientos o miles de diapositivas y selecciona lo que es necesario para su declaración general. Algo que se ajuste al caso, que se aplique en todos los casos.

La "palabra" o ideograma chino para el rojo se basa en algo que todo el mundo CONOCE.

(Si el ideograma se hubiera desarrollado en Inglaterra, los escritores posiblemente lo hubieran sustituido por el frente de un petirrojo, o algo menos exótico que un flamenco).

Fenollosa contaba cómo y por qué una lengua así escrita simplemente DEBÍA PERMANECER POÉTICA; no podía evitar ser y permanecer poética de igual manera en que una columna de tipo inglés podría tranquilamente dejar de ser poética.

general public DO study painting. If you want to find out something about painting you go to the National Gallery, or the Salon Carré, or the Brera, or the Prado, and LOOK at the pictures.

For every reader of books on art, 1,000 people go to LOOK at the paintings. Thank heaven!

Murió antes de dedicarse a publicar y proclamar un "método".

Sin embargo, esta es la MANERA CORRECTA de estudiar poesía, literatura, o pintura. De hecho, es la forma en que los miembros más inteligentes del público en general ESTUDIAN pintura. Si quieres saber algo sobre pintura vas a la Galería Nacional, o al Salón Carré, o al Brera, o al Prado, y MIRAS los cuadros.

Por cada lector de libros de arte, 1.000 personas van a MIRAR los cuadros. ¡Gracias al cielo!

Extraído de *Modern poetics, (A prefatory note / James Scully)*, Publisher New York: McGraw-Hill Book Company, 1965, pp. 44-47 | Traducción de Juan Arabia

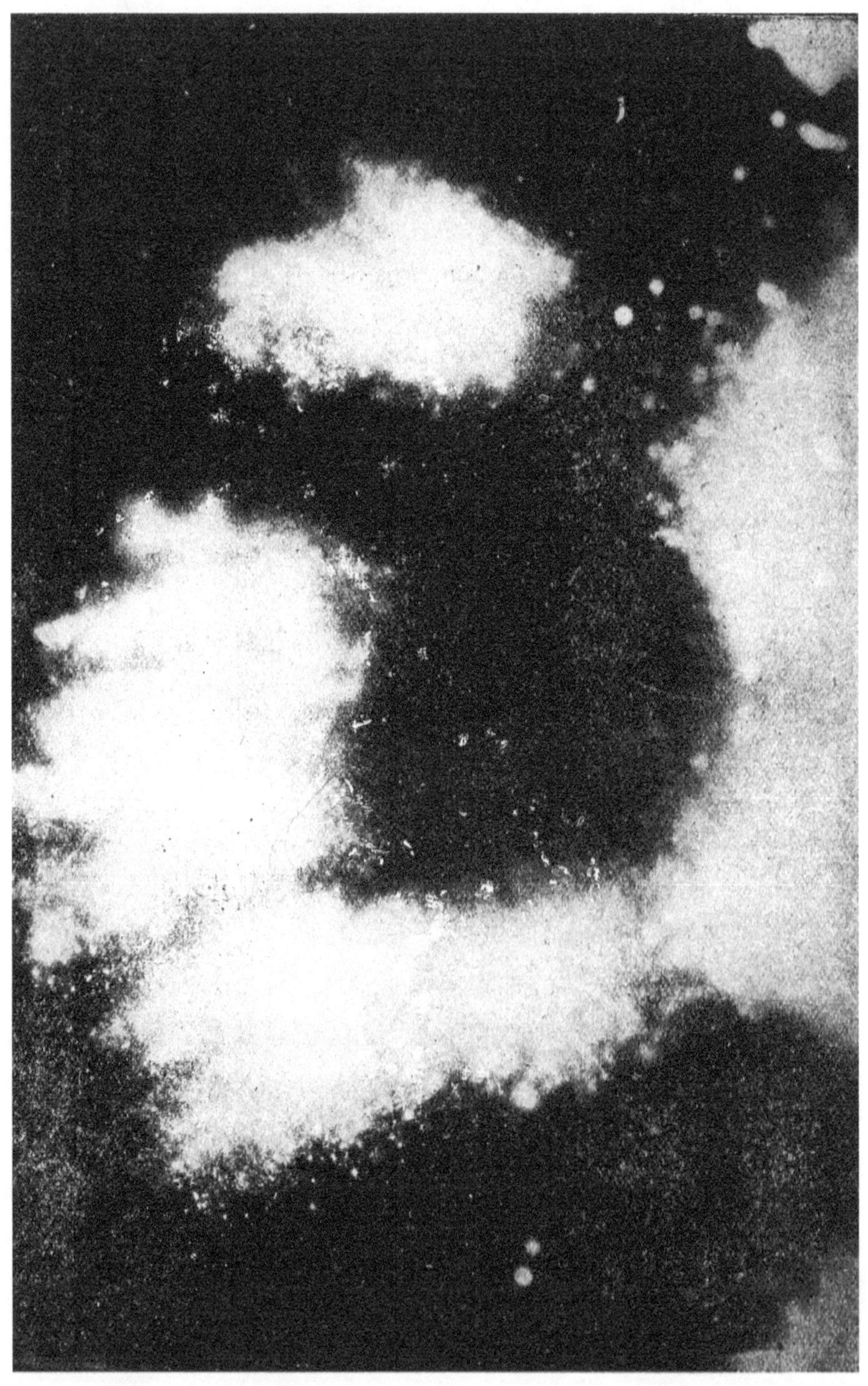

人 *hombre*

日 *sol*

木 *árbol*

東 *sol enredado en las ramas del árbol,
como al amanecer,
significando ahora el Este.*

Qiu Jin

Ion Barbu

Chūya Nakahara

Robert Duncan

W.S. Merwin

Mark Kirschen

Paul Durcan

Eiléan Ní Chuilleanáin

Diane Seuss

Pádraig Ó Tuama

Liang Ping

Radu Vancu

Mattia Tarantino

Poesía (Traducción)

Qiu Jin 秋瑾

Reflections

written during travels in Japan

The sun and moon without light. Sky and earth in darkness.
 Who can uplift the sinking world of women?
I pawned my jewels to sail across the open seas,
 parting from my children as I left the border at Jade Gate.
Unbinding my feet to pour out a millennium's poisons,
 I arouse the spirit of women, hundreds of flowers, abloom.
Oh, this poor handkerchief made of merfolk-woven silk,
 half stained with blood and half soaked in tears.

有怀 ——游日本时作

日月无光天地昏，
沉沉女界有谁援？
钗环典质浮沧海，
骨肉分离出玉门。
放足湔除千载毒，
热心唤起百花魂。
可怜一幅鲛绡帕，
半是血痕半泪痕！

Qiu Jin 秋瑾

Qiu Jin 秋瑾 *vivió entre 1875 y 1907 y fue una escritora, revolucionaria y feminista china. Desafiando las expectativas de género de su época, creció aprendiendo artes marciales, lucha con espada y equitación, y también adquirió una educación académica tradicional. Más tarde, se conectó con otras activistas del movimiento feminista de China, estudió en Japón y regresó a su país para unirse a una revolución contra el opresivo gobierno imperial de la dinastía Qing y por los derechos de las mujeres. Cuando fracasó el levantamiento contra la dinastía Qing en el que participó, Qiu Jin murió como mártir y se convirtió en la figura más conocida del primer movimiento feminista de China.*

Reflexiones

escrito durante viajes a Japón

El sol y la luna sin luz. Cielo y tierra en penumbra.

¿Quién puede levantar el mundo de las mujeres que se hunde?

Empeñé mis joyas para navegar por mar abierto,

separándome de mis hijos en la frontera de la Puerta de Jade.

Desatando mis pies para derramar los venenos de un milenio,

despierto el espíritu de las mujeres, cientos de flores, en pleno florecimiento.

Oh, este pobre pañuelo hecho de seda tejida por tritones,

mitad manchado de sangre y mitad empapado de lágrimas.

Extraído de *Asymptote*. Translated from the Chinese by Yilin Wang | Traducción de Juan Arabia

Ion Barbu

[Din ceas, dedus...]

Din ceas, dedus adâncul acestei calme creste,
Intrată prin oglindă în mântuit azur,
Tăind pe înecarea cirezilor agreste,
În grupurile apei, un joc secund, mai pur.

Nadir latent! Poetul ridică însumarea
De harfe resfirate ce-n zbor invers le pierzi
Şi cântec istoveşte: ascuns, cum numai marea
Meduzele când plimbă sub clopotele verzi.

Ion Barbu

Ion Barbu (1895–1961) es el seudónimo del matemático y poeta rumano Dan Barbilian, considerado uno de los mejores poetas rumanos del siglo XX. Su obra fue apreciada por los críticos desde su debut y Alexandru Ciorănescu (también conocido como "Alejandro Cioranescu") lo nombró "quizás el más grande" poeta rumano del siglo pasado, en un volumen suyo publicado en 1981 y traducido al rumano en 1996. En un estudio de 1935, Introducción a la poesía de Ion Barbu, *Tudor Vianu dividió la creación de Barbu en tres etapas: parnasiana, balada-oriental y hermética.*

[Del tiempo, deducido...]

Del tiempo, deducido el abismo esta calma crece,
filtrado a través de un espejo, en un azul maduro,
cortando el ahogamiento de los rebaños agrestes
en grupos de agua, un segundo juego más puro.

Nadir latente. El poeta eleva la suma
de arpas dispersas, que en vuelo inverso pierdes,
y cesa el canto escondido: como las medusas
del mar cuando caminan bajo las campanas verdes.

Extraído de *Romanian Voice* (http://www.romanianvoice.com) | Traducción de Juan Arabia

Chūya Nakahara 中原 中也

寒い夜の自我像

きらびやかでもないけれど
この一本の手綱をはなさず
この陰暗の地域を過ぎる！
その志明らかなれば
冬の夜を我は嘆かず
人々の憔燥のみの愁しみや
れに引廻される女等の鼻項を
わが琪細なる罰と感じ
そが、わが皮膚を刺すにまかす。

蹌踉めくままに静もりを保ち、
聊かは儀文めいた心地をもって
われはわが怠惰を諌める
寒月の下を往きながら。

陽気で、坦々として、而も己を売らない
　　ことをと、
わが魂の願うことであった！

Chuya Nakahara 中原 中也

Chūya Nakahara 中原 中也 (1907–1937) fue un poeta japonés nacido en la ciudad de Yamaguchi en el seno de una familia acomodada. Desde muy joven, sintió una especial inclinación por la poesía, que se reveló más acusada tras la inesperada muerte de Tsugoro, su hermano menor, en 1915. El padre, médico cirujano del ejército, aspiraba a que su primogénito continuara la tradición familiar y se dedicara a la medicina, pero el joven Chūya quería ser poeta y se sentía alejado de su familia, de la que se distanció finalmente cuando se fue a vivir con la actriz Yasuko Hasegawa en 1924. En ese mismo año, la pareja se traslada a Tokio y la capital se convierte en una enciclopedia para un Chūya ávido de conocimiento que comienza a labrarse su imagen de poeta bohemio influido por la obra de Rimbaud. Tras unos años de infructuosos esfuerzos, Chūya entra finalmente en la Universidad de Lenguas Extranjeras de Tokio en 1931, donde estudia francés hasta 1933, año en el que se casa con Takako Ueno, en un matrimonio arreglado por su familia. En octubre de 1934 nace su primer hijo, que fallece prematuramente en noviembre de 1936. Como consecuencia, Chūya sufre una crisis nerviosa que lo lleva a ser ingresado temporalmente en una clínica psiquiátrica. Tras salir de la clínica y dedicarse durante unos meses a sus tareas de traductor y poeta, la voz de Chūya se apaga definitivamente el 22 de octubre de 1937.

Mi efigie en una noche fría de verano

Sin ser espléndidas,

no quise soltar estas únicas riendas

dejando atrás estas tierras lóbregas;

con firme resolución de espíritu

y nada que reprochar a la noche de invierno,

sentí como un castigo trivial la tristeza de la gente atosigada,

el canto de unas muchachas por sus sueños cautivas,

y dejé que en mi piel penetraran.

Sin perder la calma por mis desvaríos,

con un mínimo de solemnidad,

logré sofocar mi desidia,

mientras seguía avanzando bajo la luna de invierno.

Jovial y sereno, es más, sin tener que venderme:

así quería mi alma verme.

Extraído de Chuya Nakahara, *Abrazado a las estrellas*. Traducción, selección y prólogo de David Taranco, Satori Ediciones, Gijón, España, 2023, pp. 56-57

Robert Duncan

Saint Graal (after Verlaine)

At times, dying of the period in which we live, I sense
that my immense anguish gets drunk on hope.
In vain the shameful hour opens profound mouths.
In vain disasters without end gape beneath us
to engulf the self-indulgence of our suffering,
the blood of Christ streams down from everything.

The precious Blood flows in waves from Its altars
not yet overthrown and will go on flowing
when they will be; and when our time of evil will be such
that the strongest, giving way to mortal terror,
abase themselves to the law without honor,
from the shadow of prisons it will burst forth again.

It will run forth again from the cement walls.
It will loosen the horror that cements them.   Sweet and red
sweating-out, enduring flood of orisons,
of hard expiation and of right reason taken in protest
against the acts of betrayal and cowardice, the fires
raind down upon whatever moves in the countryside,
the death-chambers and instruments
of interrogation.

Robert Duncan

Robert Duncan (1919–1988) nació en Oakland, California. Fue reclutado en el ejército en 1941, pero recibió un alta psiquiátrica después de declarar su homosexualidad. Duncan era un defensor de los derechos civiles de los homosexuales, bohemio y parte de la escena del Renacimiento de San Francisco.

Santo grial (a la manera de Verlaine)

A veces, muriendo de la época en que vivimos, siento
que mi inmensa angustia se embriaga de esperanza.
En vano la hora vergonzosa abre bocas profundas.
En vano los desastres sin fin se abren a nuestros pies
para engullir la autoindulgencia de nuestro sufrimiento,
la sangre de Cristo corre desde todas las cosas.

La preciosa Sangre fluye en oleadas desde sus altares
no derrocados todavía y seguirá fluyendo
cuando lo sean; y cuando nuestro tiempo de maldad sea tal
que los más fuertes, dando lugar al terror mortal,
se humillen ante la ley sin honor,
irrumpirá otra vez desde la sombra de las prisiones.

Correrá otra vez desde los muros de cemento.
Se librará del horror que los cementa.   Dulce y roja
resistiendo, ante la crecida de plegarias,
de expiación y de recta razón en protesta
por los actos de traición y cobardía, ante los fuegos
derramados sobre todo lo que se mueva en el campo,
ante las cámaras de muerte y los instrumentos
de interrogación.

Torrent of love

from the God Himself Love and Sweetness,
Eternal Cup He is, we moved toward, even be it
amidst the horror of this mocking world we face,
refreshing river of fire that quenches thirst,
live source where the heart may be revived,
even of the assassin, even of the adulterer,
salvation of the fatherland, O blood, gift of love,
that quenches life's thirst!

Torrente de amor

del propio Dios Amor y Dulzura,

Él es la Copa Eterna, avanzamos hacia, aunque sea

en medio del horror de este mundo burlón que enfrentamos,

el río refrescante de fuego que apaga la sed,

fuente viva donde puede revivir el corazón,

incluso el del asesino, el del adúltero,

salvación de la patria, ¡Oh sangre, regalo del amor,

que apaga la sed de la vida!

Extraído de Robert Duncan, *Bending the bow*, New Directions, 1968, p. 55 | Traducción de Ignacio Oliden

W.S. Merwin

Witness

I want to tell what the forests
were like

I will have to speak
in a forgotten language

W.S. Merwin

W.S. Merwin, aclamado poeta, traductor y defensor del medio ambiente, nació en 1927 en la Ciudad de Nueva York y creció en los estados de Nueva Jersey y Pensilvania. Su carrera literaria abarcó más de siete décadas, durante las cuales evolucionó constantemente en su oficio, influyendo en numerosos poetas. Se lo conocía por su lenguaje contemplativo, su conciencia medioambiental, su exploración de la espiritualidad y la mitología, así como por sus traducciones de muy diversos poetas. Su primera colección, A Mask for Janus *(1952), ganó el premio Yale Younger Poets y se caracterizó por su trabajo de la dimensión formal. Sin embargo, pronto empezó a inspirarse en diversas formas poéticas, como los relatos bíblicos, los mitos clásicos y las narraciones renacentistas. Con el tiempo, su estilo cambió, reflejando temas norteamericanos y comprometiéndose con el mundo natural—obteniendo numerosos premios, entre los cuales figura el Pulitzer Prize que ganó en dos ocasiones: 1971 y 2009. A finales de la década de 1970, Merwin se trasladó a una antigua plantación de piñas en Maui (Hawái), que restauró diligentemente para devolverla a su estado original de selva tropical. Este entorno, junto con su estudio del budismo zen, tuvo un profundo impacto en su poesía posterior. Falleció en marzo de 2019 a la edad de 91 años.*

Testigo

Quiero contar cómo eran
los bosques

Deberé hablar
en una lengua olvidada

Extraído de W.S. Merwin, *The Rain in the Trees*, Copper Canyon, 1988 |
Traducción de Patricio Ferrari y Graciela S. Guglielmone

What is Modern

Are you modern

is the first
tree that comes
to mind modern
does it have modern leaves

who is modern after hours
at the glass door
of the drugstore
or
within sound of the airport

or passing the
animal pound
where once a week I
gas the animals
who is modern in bed

when
was modern born
who first was pleased
to feel modern
who first claimed the word
as a possession
saying I'm
modern

as someone might say

Qué es lo moderno

Eres moderno

es el primer
árbol que me viene
a la mente moderno
tiene hojas modernas

quién es moderno después de hora
en la puerta de vidrio
de la farmacia
o
a poca distancia del aeropuerto

o pasando por la
perrera
donde una vez a la semana yo
aniquilo animales
quién es moderno en la cama

cuando
nació lo moderno
quién se complació primero
en sentirse moderno
quién reivindicó por primera vez la palabra
como posesión
diciendo soy
moderno

como alguien podría decir

I'm a champion
or I'm famous or even
as some would say I'm
rich

or I love the sound
of the clarinet
yes so do I
do you like classical
or modern

did modern
begin to be modern
was there a morning
when it was there for the first time
completely modern
is today modern
the modern sun rising
over the modern roof
of the modern hospital
revealing the modern water tanks and aerials
of the modern horizon

and modern humans
one after the other
solitary and without speaking
buying the morning paper
on the way to work

soy un campeón

o soy famoso o incluso

como algunos dirían que soy

rico

o me encanta el sonido

del clarinete

sí a mí también

te gusta la clásica

o la moderna

lo moderno

comenzó a ser moderno

hubo una mañana

en que lo fue por primera vez

completamente moderno

es hoy en día moderno

el sol moderno saliendo

sobre el moderno tejado

del moderno hospital

revelando los modernos tanques de agua y las antenas

del moderno horizonte

y los humanos modernos

uno tras otro

solitarios y sin hablar

comprando el periódico de la mañana

de camino al trabajo

Extraído de W.S. Merwin, *Opening the Hand*, Copper Canyon, 1983 | Traducción de Patricio Ferrari y Graciela S. Guglielmone

Mark Kirschen

Sound

The bird's
Voice

My body
A cave

Mark Kirschen

Mark Kirschen nació en Brooklyn, Nueva York, en 1948. Creció en el condado de Nassau en Long Island y vivió en Rockville Center hasta que dejó su casa en 1966 para estudiar poesía y literatura en la Universidad Stony Brook. Las inspiraciones poéticas de Kirschen incluyeron a Ezra Pound, George Oppen y Basil Bunting. Kirschen comenzó a publicar sus poemas en pequeñas revistas como Pony Tail, Panjandrum, Sumac *y* Montemora *durante la década de 1970. El primer y único libro de poesía de Kirschen,* Pier's End, *se publicó como suplemento especial de* Montemora, *editado por Eliot Weinberger, a principios de 1980. Trágicamente, Kirschen padecía una depresión crónica y se quitó la vida en la ciudad de Nueva York el 27 de febrero de 1980, a la edad de 31 años, poco después de publicar* Pier's End. *Kirschen finalizó su última carta, como señala Eliot Weinberger, con estas líneas: "Volver a empezar de nuevo ahora/ en el universo—"* (Back to start over now/ In the universe—). *Está enterrado en Elmont, Nueva York, cerca de la casa de su infancia en Long Island.*

Sonido

La voz
del pájaro

mi cuerpo
una cueva

Extraído de Mark Kirschen, *Pier's End*, Montemora Foundation, 1980 | Traducción de Juan Arabia.

Invitation

Come out into the open where
We all are: at the center of a bridge
Whose dark river draws all light
And the nearest weeds to itself

Here to search out love—
Discarded hearts at the city's edge—
Where fish follow their fathers' routes
And we cannot lift up to thread the constellations

If you meet me here
I will make you a myth: you will show
As cold points between the clouds

If you meet me here your light
Will hold the eyes of descendants
Unable to find a crossing over the dark river

Invitación

Sal a la intemperie donde
todos estamos: en el centro de un puente
cuyo río oscuro atrae hacia sí
toda la luz y la maleza más cercana

hasta este lugar, para buscar el amor—
corazones descartados en las afueras de la ciudad—
donde los peces siguen las ruta de sus padres
y no podemos elevarnos para enhebrar las constelaciones

Si me encuentras en este lugar
te haré un mito: te mostrarás
como puntos fríos entre las nubes

Si me encuentras en este lugar
tu luz sostendrá los ojos de los descendientes
incapaces de encontrar un cruce sobre el río oscuro

Extraído de Mark Kirschen, *Pier's End*, Montemora Foundation, 1980 |
Traducción de Juan Arabia

Paul Durcan

The Death by Heroin of Sid Vicious

There – but for the clutch of luch – go I.

At daybreak – in the artic fog of a February daybreak –
Shoulder-lenght helmets in the watchtowers of the concentration camp
Caught me out in the intersecting arcs of the swirling searchlights.

There were at least a zillion of us caught out there –
Like ladybirds under a boulder –
But under the microscope each of us was unique,

Unique and we broke for cover, crazily breasting
The barbed wire and some of us made it
To the forest edge, but many of us did not

Paul Durcan

Paul Durcan (Dublín, 1944), es un poeta irlandés cuya obra muestra un deseo de sorprender al lector recurriendo a la excentricidad surrealista. Estudió Arqueología e Historia Medieval en el University College Cork. Durante la década de 1960, su familia lo internó contra su voluntad; después de tres años de tratamiento psiquiátrico intermitente, Durcan huyó a Dublín para reunirse con Patrick Kavanagh, quien se convirtió en su mentor literario. Su primera colección de poesía, O Westport in the Light of Asia Minor, *ganó el premio Patrick Kavanagh en 1975; libros posteriores incluyen* Teresa's Bar *(1976),* Sam's Cross *(1978),* Ark of the North *(1982),* Jesus, Break his Fall *(1983)* y Going Home to Russia *(1987). Más recientemente publicó* Crazy About Women *(1991),* Give Me Your Hand *(1994),* Christmas Day *(1996),* Greetings to Our Friends in Brazil *(1999),* Cries of an Irish Caveman *(2001) y* The Art of Life *(2004), entre otros.*

La muerte por heroína de Sid Vicious

Allí – por el azaroso camino del ratón – voy yo.

Al amanecer – en la niebla ártica de un amanecer de febrero –
los cascos hasta el hombro en las torres del campo de concentración
me atraparon en los arcos de los reflectores giratorios.

Había al menos un millón de nosotros ahí atrapados –
como mariquitas debajo de una roca –
pero bajo el microscopio cada uno de nosotros era único,

único y nos dispersamos para cubrirnos, rozando desesperados
el alambre de púas y algunos de nosotros llegamos
al borde del bosque, pero muchos otros no

Make it, although their unborn children did –
Such as you whom the camp commandant branded
Sid Vicious of the Sex Pistols. Jesus, break his fall:

There – but for the clutch of luck – go we all.

lo lograron, aunque sus hijos no nacidos sí –
como tú a quien el comandante del campo apodó
Sid Vicious de los Sex Pistols. Jesús, detén su caída:

allí – pero por el azaroso camino del ratón – vamos todos.

Extraído de Paul Durcan, *Jesus, Break His Fall*, The Raven Arts Press, 1980 | Traducción de Ignacio Oliden

Eiléan Ní Chuilleanáin

Studying the Language

On Sundays I watch the hermits coming out of their holes
Into the light. Their cliff is as full as a hive.
They crowd together on warm shoulders of rock
Where the sun has been shining, their joints crackle.
They begin to talk after a while.
I listen to their accents, they are not all
From this island, not all old,
Not even, I think, all masculine,

They are so wise, they do not pretend to see me.
They drink from the scattered pools of melted snow:
I walk right by them and drink when they have done.
I can see the marks of chains around their feet.

I call this my work, these decades and stations —
Because, without these, I would be a stranger here.

Eiléan Ní Chuilleanáin

Eiléan Ní Chuilleanáin (Cork, Irlanda, 1962) es poeta, traductora y editora. Hija de un escritor y profesor que luchó en la Guerra de Independencia de Irlanda, obtuvo una licenciatura y una maestría en University College Cork y también estudió en la Universidad de Oxford. Es autora de numerosos poemarios, entre ellos The Boys of Bluehill *(2015), que fue preseleccionado para el premio Forward a la mejor colección;* The Sun-fish *(2010), que ganó el Premio Internacional de Poesía Griffin;* The Magdalene Sermon *(1989), que fue seleccionado como uno de los tres mejores volúmenes de poesía del año por el Irish Times / Aer Lingus Poetry Book Prize Committee; y* Acts and Monuments *(1966), que ganó el premio Patrick Kavanagh.*

Estudiando el lenguaje

Los domingos observo a los ermitaños saliendo de sus agujeros
hacia la luz. Su acantilado está tan lleno como una colmena.
Se amontonan sobre los hombros cálidos de roca
donde ha estado brillando el sol, sus articulaciones crujen.
Después de un rato empiezan a hablar.
Escucho sus acentos, no son todos
de esta isla, no todos viejos,
ni siquiera, me parece, todos masculinos.

Son tan sabios, no pretenden verme.
Beben de los charcos dispersos de nieve derretida:
paso junto a ellos y bebo cuando han terminado.
Puedo ver las marcas de cadenas en sus pies.

Llamo a esto mi trabajo, estas décadas y estaciones —
porque, sin ellas, sería una extraña aquí.

Extraído de Eiléan Ní Chuilleanáin, *The Brazen Serpent*, Wake Forest University Press, 1995, p. 47 | Traducción de Ignacio Oliden

Diane Seuss

[I drove all the way to Cape Disappointment]

I drove all the way to Cape Disappointment but didn't
have the energy to get out of the car. Rental. Blue Ford
Focus. I had to stop in a semi-public place to pee
on the ground. Just squatted there on the roadside.
I don't know what's up with my bladder. I pee and then
I have to pee and pee again. Instead of sightseeing
I climbed into the back seat of the car and took a nap.
I'm a little like Frank O'Hara without the handsome
nose and penis and the New York School and Larry
Rivers. Paid for a day pass at Cape Disappointment
thinking hard about that long drop from the lighthouse
to the sea. Thought about going into the Ocean
Medical Center for a checkup but how do I explain
this restless search for beauty or relief?

Diane Seuss

Diane Seuss (1956) es autora de seis colecciones de poesía incluyendo frank: sonnets, *ganador del Pulitzer Prize, el National Book Critics Circle Award, el Los Angeles Times Book Prize, y el PEN/Voelcker Award. Su última colección titulada* Modern Poetry *salió a principio de este año. Seuss recibió la beca Guggenheim en 2020 y del John Updike Award del American Academy of Arts and Letters en 2021. Además, es y ha sido docente en muchas universidades, una de ellas Kalamazoo College, su alma mater, donde enseña desde 1988. Seuss fue criada por una madre soltera en la parte rural de Michigan, lugar que continúa llamando su casa.*

[Manejé todo el camino hasta Cabo Decepción]

Manejé todo el camino hasta Cabo Decepción pero no
tuve energía para salir del auto. Alquilado. Azul, Ford
Focus. Tuve que parar en un lugar semi-público para hacer pis
en el piso. Simplemente me agaché ahí al lado de la ruta.
No sé qué le pasa a mi vejiga. Hago pis y después
tengo que volver y volver a hacer. En vez de turistear
me trepé a la parte de atrás del auto y dormí una siesta.
Soy un poco como Frank O'Hara sin la elegante
nariz y sin el pene y sin la New York School y sin Larry
Rivers. Pagué por el pase diario en el Cabo Decepción
pensando seriamente en la larga caída desde el faro
al mar. Pensé adentrarme en el llamado Océano
Centro Médico por un chequeo pero ¿cómo explico
esta intranquila búsqueda de belleza o alivio?

Extraído de Diane Seuss, *frank: sonnets*, Graywolf Press, 2021 | Traducción de Valentina Landa

[The problem with sweetness is death]

The problem with sweetness is death. The problem
with everything is death. There really is no other problem
if you factor everything down, which I was no good at
when studying fractions. They were always using pie
as their example. Rather than thinking about factoring
things down, I wondered what kind of pie. And here
I am, broke, barely able to count to fourteen. When
people talk about math, they say you'll need it to balance
your checkbook. What is a checkbook and what,
indeed, is balance? Speaking of sweetness, for a time
I worked in a fudge shop on an island. After a week
the smell of sweetness made me heave, not to mention
the smell of horses; it was an island without cars,
shit everywhere. When I quit, the owner slapped me.

[El problema con la dulzura es la muerte]

El problema con la dulzura es la muerte. El problema
con todo es la muerte. Realmente no hay otro problema
si lográs reducir todo en partes, algo que nunca me salió
cuando estudiaba fracciones. Siempre usaban tortas
como ejemplo. En vez de pensar en fraccionarlas
yo me preguntaba qué tipos de torta eran. Y acá
estoy, sin plata, sin poder casi contar a catorce. Cuando
hablan de la matemática te dicen que la vas a precisar para balancear
cuentas. ¿Qué es una chequera y qué es, en fin,
balancearse? En cuanto a la dulzura, por un tiempo
trabajé en la confitería de una isla. Después de una semana
el olor a dulce me daba arcadas, por no mencionar
el olor a caballo; era una isla sin autos,
la mierda abundaba. Cuando renuncié el dueño me cacheteó.

Extraído de Diane Seuss, *frank: sonnets*, Graywolf Press, 2021 | Traducción de Valentina Landa

Pádraig Ó Tuama

The Butcher of Eden

> *Now God made Adam and Eve coats of skins and dressed them.*
>
> — Genesis 3:21

And when he was finished,

he scraped fat
from the backs of stretched skins,
wiped the blood,
sewed the seams,
bit the thread with teeth
and
said:
Dress yourselves in these.

Pádraig Ó Tuama

Pádraig Ó Tuama es un poeta y teólogo oriundo de County Cork, Irlanda. Presenta el podcast Poetry Unbound *con On Being Studios, y sus libros más recientes son* Feed the Beast *(Broken Sleep Books, 2022) y* Poetry Unbound: 50 Poems to Open Your World *(Canongate, 2022).* Kitchen Hymns, *su nuevo poemario, se publicará en 2024. Sus anteriores poemarios fueron* Sorry for your Troubles *(Canterbury Press, 2013) y* Readings from the Book of Exile *(Canterbury Press 2012). La poesía de Ó Tuama se ha publicado ampliamente en Irlanda, Reino Unido y Estados Unidos, en revistas literarias como* Poetry Ireland Review, Harvard Review, New England Review of Books, Gutter *y* Kenyon Review. *Además de poesía, ha publicado sobre teología y resolución de conflictos, especialmente en* Borders & Belonging, *en coautoría con Glenn Jordan (Canterbury Press, 2021). Cuenta con contribuciones en los libros* When Did We See You Naked? *(SCM Press, 2021) y* Mapping Faith: Theologies of Migration and Community *(Jessica Kingsley Publishers, 2020). Es licenciado en teología por Maynooth y Queen's University Belfast, y doctor en poesía y teología por la Universidad de Glasgow.*

El carnicero del Edén

Y Dios hizo abrigos de pieles para Adán y Eva y los vistió.

— Génesis 3:21

Y cuando hubo concluido

raspó la grasa
del dorso de las pieles tensadas,
limpió la sangre,
cosió las costuras,
mordió el hilo con los dientes
y
dijo:
Vístanse con ésto.

And they said:
what is this verb?

God shoved his knife into the earth, and said:
It's like make believe
but for your body.

They looked at all the meat
still steaming
from when it was alive.

God said: Eat.
And watched while
beasts of Eden fed
on beasts of Eden.

Y ellos dijeron:
¿En qué consiste este verbo?

Dios clavó el cuchillo en la tierra y dijo:
Es como fingir
pero para el cuerpo.

Contemplaron toda la carne
aún humeante
de cuando estaba con vida.

Dios dijo: Coman.
Y miraron mientras
las bestias del Edén se alimentaban
de las bestias del Edén.

Extraído de Pádraig Ó Tuama, *Feed the Beast [Alimenta a la bestia]*, Cornwall: Broken Sleep Books Ltd, 2022 | Traducción de Patricio Ferrari & Graciela S. Guglielmone

Liang Ping 梁平

Beijing Is A Place Far Away

Beijing is far away.
Sometimes in the dead still of Chengdu's night,
Wondering how far it is, I begin counting like in insomnia,
Until I can't count clearly and get confused.
I start counting from the first ring,
When arriving at the two-hundred-fiftieth ring,
I'm still wide awake,
Seeing the Tiananmen Gate, the People's Heroes Monument,
Eunuchs and maidens walking out of the Forbidden City.
I'm sure I know them,
But they don't know me.
I walk on and on, exhausted,
Beijing is really far away.

Liang Ping 梁平

Poeta y escritor chino, Liang Ping 梁平 ha publicado once colecciones de poesía, como Selected Poems of Liang Ping 梁平诗选, Ba & Shu: Two Duets 巴与蜀：两个二重奏, Thirty Years on the East Side of the River 三十年河东, *y* Genealogy 家谱, *así como colecciones de ensayos y crítica literaria* 子在川上曰 *y* 阅读的姿势. *Sus obras han sido traducidas y presentadas en Estados Unidos, Gran Bretaña, Francia, Alemania, Japón, Corea del Sur, Rusia, Polonia, Bulgaria y otros países. Ha ganado el segundo premio especial del libro de China, el premio de poesía del escritor chino Guo Moruo, el premio de literatura de Sichuan y el premio de literatura Bashu, entre otros. Liang Ping es miembro del Comité Nacional de la Asociación de Escritores de China, subdirector del Comité de Poesía de la Asociación de Escritores de China, vicepresidente de la Asociación de Escritores de Sichuan, presidente de la Federación de Círculos Literarios y Artísticos de Chengdu y presidente del Instituto de Investigación de Poesía China de la Universidad de Sichuan.*

Pekín es un lugar que está muy lejos

Pekín está muy lejos.

A veces, en el silencio de la noche de Chengdu,

preguntándome qué tan lejos está,

empiezo a contar como en el insomnio,

hasta que ya no puedo contar con claridad y me confundo.

Empiezo a contar desde el primer anillo,

y cuando llego al anillo doscientos cincuenta,

sigo despierto, viendo

la Puerta de Tiananmén, el Monumento a los Héroes del Pueblo,

eunucos y doncellas saliendo de la Ciudad Prohibida.

Estoy seguro de que los conozco,

pero ellos no me conocen.

Camino y sigo, exhausto,

Pekín realmente está muy lejos.

Extraído de *The Café Review* | Traducción de Qi Fengyan / Juan Arabia

北京是一个遥远的

地方北京很遥远，
我在成都夜深人静的时候，
曾经想过它究竟有多远？
就像失眠从一开始数数，
数到数不清楚就迷迷糊糊了。
我从一环路往外数，
数到二百五十环还格外清醒，
仿佛看见了天安门、人民英雄纪念碑，
看见故宫里走出太监和丫鬟，
我确定我认识他们，
而他们不认识我。
于是继续向外，走得精疲力尽，
北京真的很遥远。

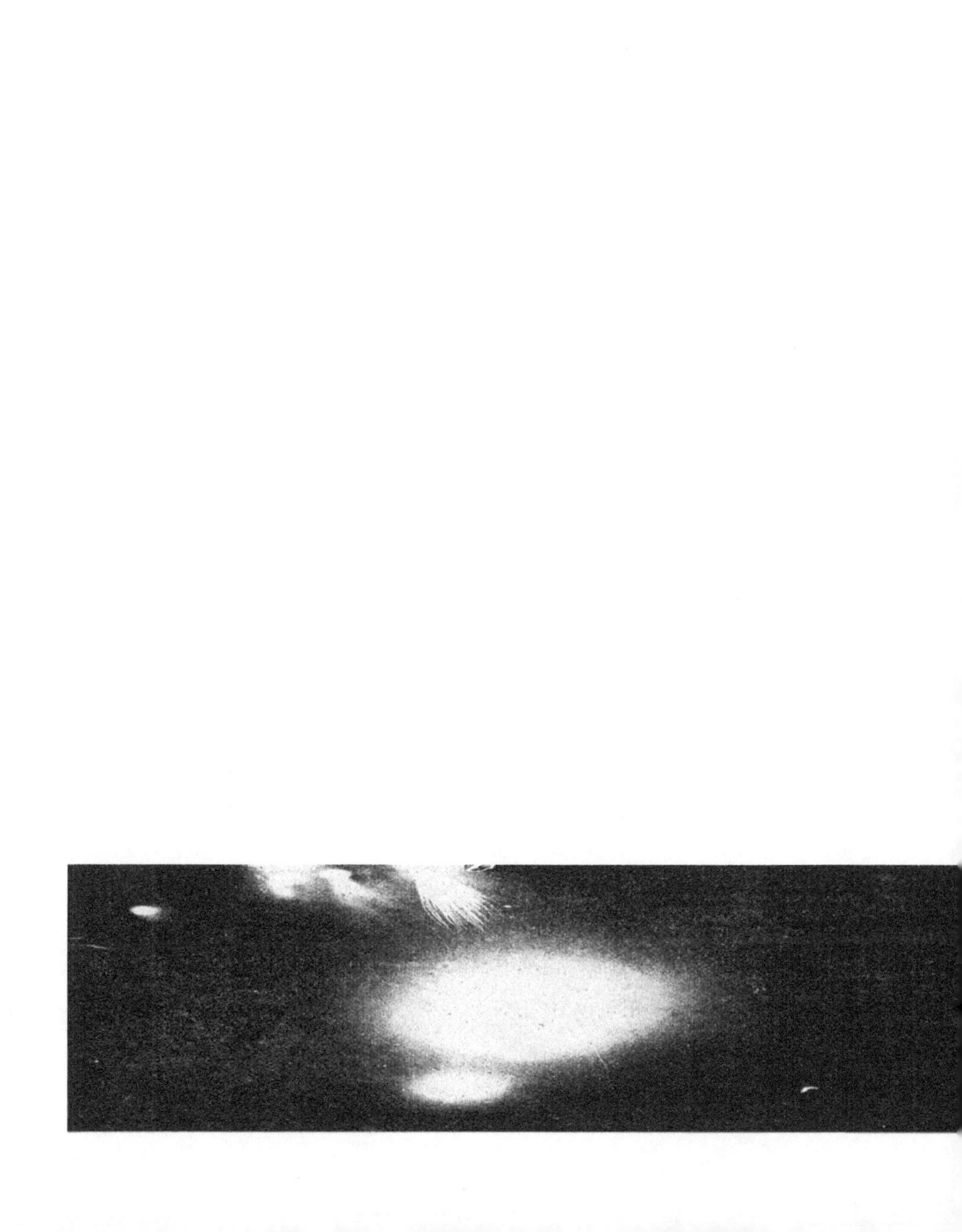

Radu Vancu

Canto XXV

White picket fence: a small kid
satchel illuminating all the
cemetery.

White picket fence: a child holding
tight the doll to his chest and jumping
into sleep as from a
stool.

White picket fence wood: children's eyes
moving in sleep on the rhythm
of a rope which is
swaying.

Oh yes, Anne Sexton, surely we can
build white picket fences
which to keep
nightmares away. One can build
whole worlds in which thought
does not tear the brain. In which

Radu Vancu

Radu Vancu (Sibiu, Rumania, 1978) es un poeta, ensayista y traductor rumano. Junto con Claudiu Komartin, es coeditor de la antología Best Romanian Poems of the Year *(2010, 2011 y 2012). Ha traducido novelas y poesía (dos amplias selecciones de Ezra Pound y John Berryman). Es profesor adjunto en la Facultad de Letras y Artes de la Universidad Lucian Blaga de Sibiu, editor de dos revistas culturales,* Poesis International *y* Transilvania, *y organizador del Festival Internacional de Poesía de Sibiu.*

Canto XXV

Cerca blanca: una pequeña
mochila de niño que ilumina
todo el cementerio.

Cerca blanca: una niña que sujeta
con fuerza la muñeca contra su pecho
saltando al sueño como desde un
taburete.

Madera de cerca blanca: ojos de niños
moviéndose en el sueño
al ritmo de una cuerda que se
balancea.

Oh, sí, Anne Sexton, seguramente podemos
construir cercas blancas
que mantengan alejadas
las pesadillas. Podemos construir
mundos enteros en los que el pensamiento
no desgarre el cerebro. En los que la

innocence is not only for
the children and the devastated;

and our mutilation
will tenderly subtitle
how the mother calls her child
at the table;

and somewhere at the edge of the fairyland
we, the "perifairyal", we'll write
elegant domestic cantos
about mutilation.

But for
whom.

inocencia no sea sólo para
los niños y los devastados;

y nuestra mutilación
subtitulará tiernamente
cómo la madre llama
a su hijo en la mesa;

y en algún lugar al borde del país de las hadas
nosotros, los periféricos*, escribiremos
elegantes cantos domésticos
sobre la mutilación.

Pero para
quién.

*En el original «Perifairyal»: invención del autor, resultante de combinación en rumano de "perife-
ric" y "feeric", que significa "periférico" y «parecido a un hada». Por recomendación de Radu Vancu, y
dada la imposibilidad de dar una reproducción en nuestro idioma, decidimos usar en esta traducción
solo "periférico".

Mattia Tarantino

[Ascolta. È San Lorenzo...]

Ascolta. È San Lorenzo. Sotto casa
passano le ultime automobili. L'arco
e la chiesa sono illuminati, come le teche
dei teschi, i giardini del convento.
Mamma fuma. Qualcuno in strada
chiede l'ora. Stanotte l'angelo
non bussa. Tossisce,
invece, e va via in fretta.

Dicono che se ascolti
attentamente puoi sentire
da qualche parte come un leggero
fruscio, qualcosa che striscia:
è una cometa scivolata
giù in silenzio, una stella
irrimediabile, oppure
soltanto un grosso ratto.

Abbiamo l'erba e una bottiglia
di latte. Fumiamo. Qualcosa

Mattia Tarantino

Mattia Tarantino (Napoli, 2001) codirige Inverso – Giornale di poesia *y es parte de la redacción de* Atelier. *Colabora con numerosas revistas, en Italia y en el exterior, como* Buenos Aires Poetry. *Recibió diversos premios por su poesía, traducida a más de diez idiomas. Publicó* Se giuri sull'arca *(2024),* L'età dell'uva *(2021),* Fiori estinti *(2019),* Tra l'angelo e la sillaba *(2017); y ha traducido* Verso Carcassonne *(2022) y* Poema della fine *(2020).*

[Escucha. Es San Lorenzo...]

Escucha. Es San Lorenzo. Debajo de la casa
pasan los últimos coches. El arco
y la iglesia están iluminados, como los cofres
de las calaveras, los jardines del convento.
Mamá fuma. Alguien en la calle
pregunta la hora. Esta noche el ángel
no llama a la puerta. Tose,
y se marcha a toda prisa.

Dicen que si escuchas
con atención puedes oír
algo como un leve
crujido, algo que se arrastra:
es un cometa deslizándose
en silencio, una estrella
irremediable, o
simplemente una gran rata.

Tenemos hierba y una botella
de leche. Vamos a fumar. Algo

sta cambiando: è estate,
l'estate dei vent'anni, e il mondo
ci minaccia, ci consola,
ci appartiene.

está cambiando: es verano,
el verano de los veinte, y el mundo
nos amenaza, nos consuela,
nos pertenece.

Poema inédito | Traducción de Mattia Tarantino

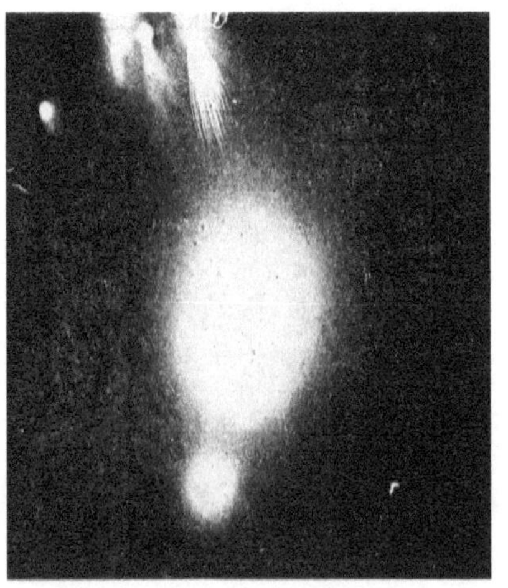

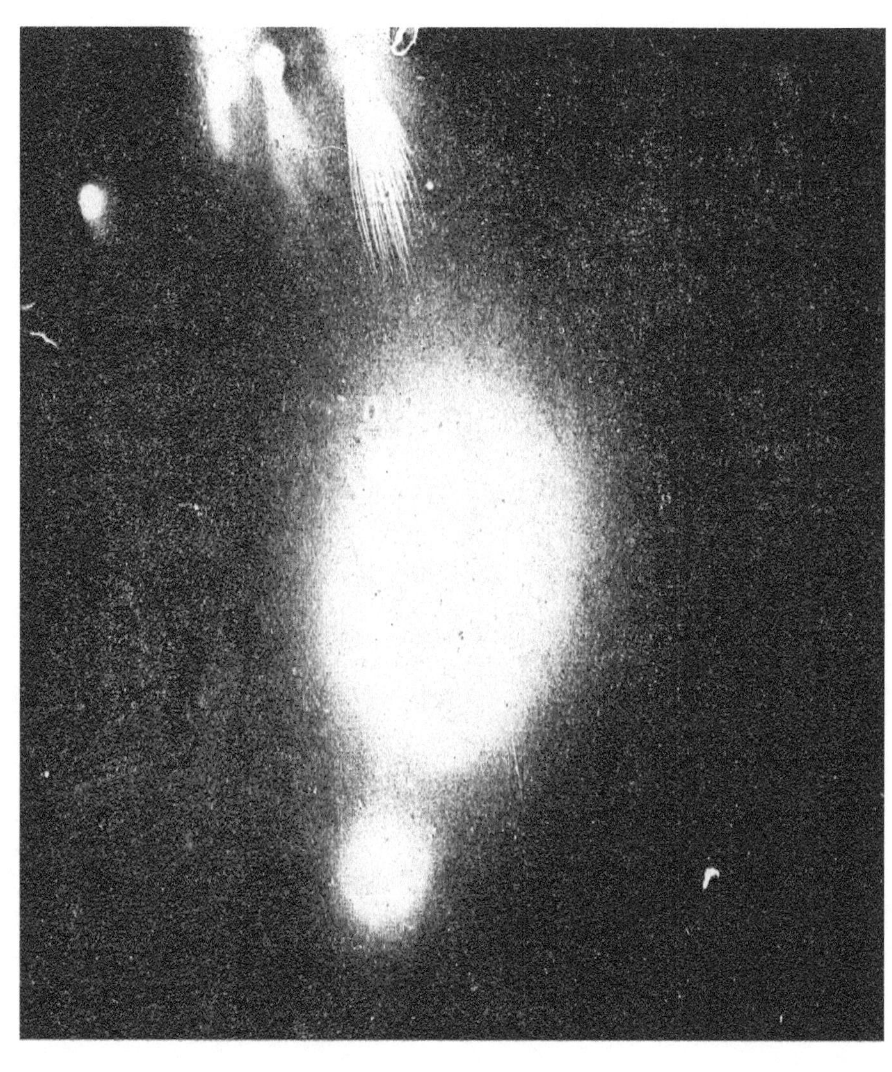

Miguel Ángel Zapata

Sebastian Arroy

Lyz Sáenz

Anahí Maya Garvizu

Francisco Castro Videla

Didier Armas

Poesía actual

Poesía actual

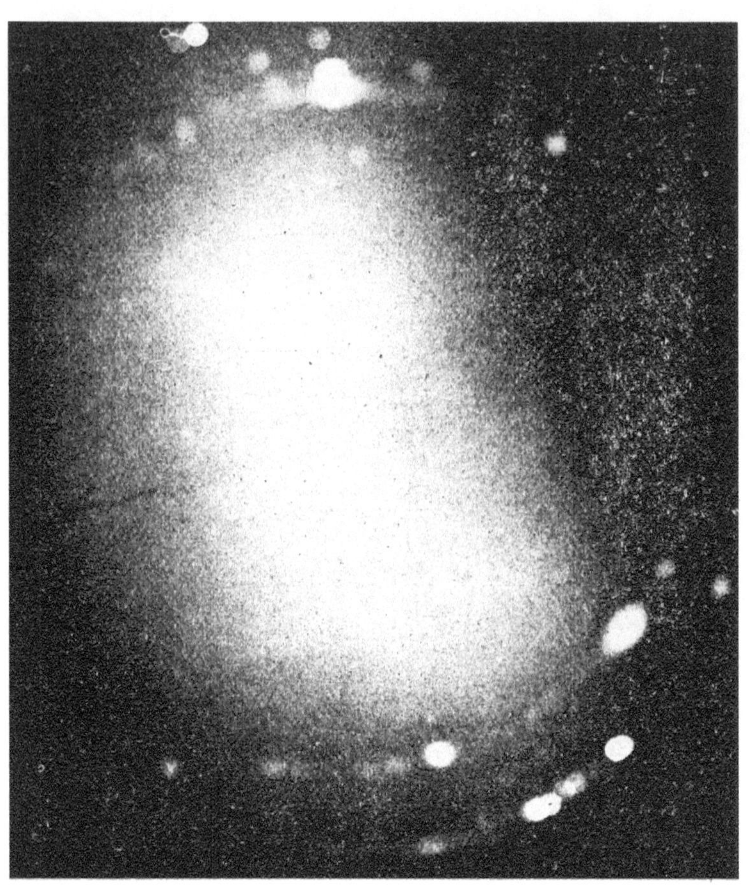

Miguel Ángel Zapata

Miguel Ángel Zapata (Piura, 1955) es un poeta y ensayista peruano. Ejerce de catedrático de literatura latinoamericana en Hofstra University, Nueva York. Ha publicado recientemente: *El florero amenaza con hablar* (Máquina Purísima, 2024), *Usted no sabe cuánto pesa un corazón solitario. Ensayos sobre poesía* (Lima: Universidad Ricardo Palma, 2023), *La iguana de Casandra. Poesía selecta* (Fondo de Cultura Económica, 2021), *Cancha de arcilla. Poemas en prosa* (Fundación Miguel Hernández 2020- Summa 2021), *Un árbol cruza la ciudad* (Máquina Purísima, 2019), *Ya a venir el día. César Vallejo. Poesía selecta* (Málaga: Poéticas Ediciones, 2021), entre otros. Es Premio Latino de Literatura 2011 y Premio Nacional Enrique Anderson Imbert 2023, otorgado por la Academia Norteamericana de la Lengua Española). Es director fundador de *Códice- Revista de Poesía* (Lima-Nueva York). Los siguientes poemas pertenecen a *El florero amenaza con hablar* (2024)

Visitas

No se aceptan visitas
a no ser que traigan una gota
de ajenjo puro o una manija
para abrir el poema de corazón
           oscuro.

Que venga solo Françoise Villon
con más vino y pan caliente.
Que se acerque con su pálido corazón
y su capa de seda rodeado de un ángel
con diadema de estrellas.

Ahora errado de tantas sílabas
recurro a la botella vacía del poema.

Que nadie la escurra gota a gota
cuando el amor crece ante la horda
        purificadora del cielo.

El patio

Un cuervo aleja al ave de mal agüero,
en su lugar coloca sus alas joviales
y escribe en el aire
su dilema sobre la concordancia.
Un cuervo con un ala rota no es
signo de debilidad ni miedo.
Es señal de desamparo, pero no de
derrota.

No podría, además, escribir sin el cuervo
que ha vuelto otra vez a acompañarme
cuando escribo afiebrado sin remedio.
Su poema es turbio como una tormenta
de sílabas en un campo de plumas.

Voy contra la neblina, tranquilo,
mi calle sosegada me conforta.

Mi poema es un patio con sus macetas
de tres colores, y la parrilla que humea
su sabor a carne asada.

Aquí todo sucede. Mi madre se pasea entre
los árboles y mi hija riega las plantas.

Los cuervos escriben conmigo una oda al
joven Mozart. Así pasan los días
cuando cartas no escribo ni saludo
a nadie en el vecindario.

Mi hija es un árbol de flores

Para Analí, in memoriam

Digo cielo y escribo cielo en el cielo.
Es otoño dicen los árboles.
Mi hija es ya un cielo.
Una lágrima en el bosque, el corazón
sonando como un volcán.

Cae la lluvia y la luz forzada escribe
su pesar. Es otoño y siento un árbol
en el corazón. Mi hija ha muerto y es un
árbol de flores, un leve pensamiento del espíritu.

Los árboles repiten en coro que es otoño.
Mi hija ya no dibuja rostros en la sombra, y no
sonríe con los geranios marchitados.

El imperio de las cenizas jamás hundirá su gloria.

Sebastian Arroy

Sebastian Arroy (Puebla, 1998) es un poeta mexicano egresado de la Facultad de Ciencias Políticas y Sociales de la BUAP y actualmente se encuentra cursando la maestría en Sociología en el Instituto de Ciencias Sociales y Humanidades (ICSYH). Ha publicado un ensayo titulado "Las contradicciones sociales del mexicano" en la antología *Política, gobierno y ciudadanía* (BUAP, 2016), y los libros *A la deriva* (2017) y *Reflejos* (2024).

Ossipee Lake

El lago descansa entre los árboles
y la luz se refleja sobre las aguas inquietas.
Dentro los peces nadan a contracorriente.

Observo el horizonte desde el muelle,
las nubes comenzarán a devorarnos.
Retumba el grito del trueno.
Las aves buscan su refugio,
los alces huyen y los patos
abandonan el agua para ir a otra tierra.

Yo espero la muerte
en la tormenta.

Old Port

Al otro lado de la orilla
hay un puerto viejo
cubierto sobre un manto de niebla,
el agua del río lo devora
mientras los árboles lo envuelven
entre su raíz.

Aquel muelle, me perteneció
y mis primeros pasos habitaron
entre sus grietas.
Cuando se quebró supe
que nunca volvería a pisarlo.

Así, me exilié en esta orilla
esperando que un día se desvanezca del horizonte,

pero la memoria como las raíces
mantienen a flote
aquello que forma parte de nosotros.

Lyz Sáenz

Lyz Sáenz (Ajway, Chiapas, México). Es de origen zoque. Coautora de las antologías de poesía: *Tsunun: Los sueños del colibrí* (2017), *Anhelo de reposo* (2019) y *Muñecas* (2017). En el 2022 obtuvo el primer lugar en la Convocatoria de Cómic en Lenguas indígenas Nacionales con la obra *Ja jyapäyäjk te' jama Sänhkäy Zokimä/ El día que no amaneció en Zoki*, otorgado por el INALI. También obtuvo el 2o. lugar en los LIII Juegos Florales del Día del Maestro 2024, otorgado por el SNTE 40-Chiapas. Colaboró en el 2023 como asesora externa del grupo lingüístico zoque en el Proyecto Mejorando el Sistema de Traducción e Interpretación en la Administración de Justicia en Chiapas a través del CELALI y CONECULTA.

Ave-muerte

La lumbre devora el aliento de mi hija,
le incrusta miedo en su sangre.

Ni inocencia ni asombro,
el temor de sus ojos:
roca alojada en sus entrañas.

Ella y el ave-muerte
juegan a tomar el polvo seco
que se yergue en el viento.
El ave aletea
y esparce la asfixia en la región del caos.
Ella ciñe el silencio en su garganta:
tumba de todas las criaturas.

Frente al río Tzimanä'

La muerte esta llena de rostros,
vela el filo del agua.
Frente al río Tzimanä'
me proclamo viva y canto:
así va el mundo.
¡Mira la tierra!
Grandes piedras de la cima
han cambiado de imagen,
hay una montaña pura en las faldas del volcán.
Embriones pueblan las danzas y los sueños.
La promesa del bosque traza el asombro del cosmos.

Anahí Maya Garvizu

Anahí Maya Garvizu (Bolivia). Es autora de *Las estaciones* (Editorial Libros del Cardo, Chile 2018; Editorial Buena Vista, Argentina y Isto Edições, Brasil 2022). Recibió el Premio Iberoamericano de Poesía Minerva Margarita Villarreal 2024 por su obra *El bosque tiene oídos, el campo tiene ojos*.

Insectario: narración sobre el veneno

Espero bajo la sombra de una roca
para transitar entre las hojas secas,
sobre la hierba tupida
al lado de los filamentos de pequeñas flores campestres.
Me gusta ir sobre el musgo de esa piedra
cuya textura es suave y extensa,
mover las pinzas y arquear mi cola
para que la luz de la luna resalte mis matices.
Me gusta ir errante
en busca del rastro de otro escorpión
aunque el bosque es cada vez más callado y vacío.
Muchos temen mi veneno,
teman la soledad: como a una aguja atravesando el cuerpo
témanla de verdad: solo quienes la sienten y conocen
saben qué es moverse mientras quema.

Valle del sueño

Anoche soñé que ordeñaba una vaca
sin saber que la leche tibia y espumosa
estaba envenenada.
No podría describirte el sentimiento al despertar.
Ciertamente suspiré con la sensación
de que se acercaban los días
en que las plegarias serían apenas
balbuceos sin sentido.

*

Nadie conoce el lugar adonde voy
mientras duermo
a veces a intentar domar un becerro
y otras a zurcir el vestido de hilos de oro
que uso cuando bailo mi música de tontos.

Regreso a tientas al amanecer
balanceando la cesta vacía.
Donde estuve había bayas jugosas
que los mirlos me advirtieron no tocar.

Francisco Castro Videla

Francisco Castro Videla (Buenos Aires, 1992). Su poesía ha sido publicada en revistas literarias de Argentina, España y Estados Unidos – entre ellas *Rattle*, *Naugatuck River Review*, *Acentos Review*, *Revista Pélago*, *Poets Reading The News* y *The Social Justice Review* (University of Southern California), entre otras.

Inferno IV

Hasta donde sé mi nombre es Chin An-ti
y no fui más que un perfecto idiota
un verdadero bueno para nada

nací sin habla y sin ingenio
con un palacio entero para vestirme
alimentarme y sentarme en el trono

se necesitó un paño retorcido
y la ambición de un señor de la guerra
para asfixiarme hasta la muerte

aunque bien podría ser Chin *Ai*-ti
en cuyo caso fui conocido como
el "Triste y Afligido Emperador"

y no fui menos idiota que Chin An-ti
– morí envenenado por los magos
que me prometieron la inmortalidad

Inferno V

Diré que mi nombre es Yang Kwei Fei
fui una de las Cuatro Bellezas de China
y consorte del Emperador Xuanzong

fue por mi reflejo en las aguas de Huaqing
que él me llevó a la tienda del hibisco
y luego a los cuartos de la casa de jade

mi sola flor valía tres mil primaveras
mi vestido el sudor de cien obreros
mi baile alzó el polvo de mil legiones

cuando la Rebelión nos puso en huida
mi muerte fue la súplica de seis generales
mi vida el pago por su lealtad

Gao el eunuco me estranguló en un santuario
y mi Emperador me enterró en Mawei
entre las davidias y los abetos

ahora me llora a la sombra del alto Emei
allí donde los monos azoran a los forasteros
y los hombres solitarios se arrojan al vacío

Didier Armas

Didier Armas (San Luis Potosí, México, 14 de noviembre de 1988). Estudió Lengua y Literaturas Hispánicas en UNAM FES- Acatlán. Mención honorifica en el concurso Punto de Partida UNAM No.48. Becario en el Festival Cultural Interfaz- ISSSTE 2017. Finalista en el Premio Gerardo Diego de Poesía (España) 2019. Ganador del Premio de Poesía Félix Dauajare 2022 con el poemario *La última flecha* editado y publicado por el Ayuntamiento de San Luis Potosí. Beneficiario de la beca del Programa de Estímulos a la Creación y Desarrollo Artístico, Jóvenes Creadores, Literatura-poesía, 2023-2024. Ganador del Premio de Poesía Manuel José Othón 2024 con el poemario *Ofrendas a Moloch*. Ha recibido talleres de creación literaria en CDMX, SLP, Monterrey, Guanajuato e Hidalgo. Imparte talleres de poesía en la Casa del Poeta Ramón López Velarde de San Luis Potosí.

El llanto de las huérfilas

i

La rebelión precisa hermandad
Saboteo los mecanismos de la existencia:
la memoria: el día que nos encapuchamos
para raptar la Universidad Nacional Autónoma de México
y aunque los edificios se conservaron ilesos
algo más importante voló en pedazos
La belleza y la verdad eran partículas de esmog
y mis amigos mantenían el calor en la noche
aventando sus mordazas a la fogata
hasta que se escuchó el llanto de las huérfilas
porque todo el viento del país trasladaba su llanto
era como mascar huesos en el aire
pero en la oscuridad el temor se puede ver

y entre los estudiantes la rabia era el verdadero dios
cada estudiante un Popocatépetl a punto de estallar
en la noche que no era oscura ni fría
sino el rojo preludio a la revuelta

ii

Corrimos encapuchados hacia la caseta de cobro
una bandera negra que se izaba en horizontal
contra los guardianes de la indiferencia
los nichos de concreto y los vehículos
que temblaron ante la arremetida de tumbas
porque de nuestra garganta el lenguaje de los muertos
los descendía a un fuego íntimo
e indefensos levantaron las plumas automáticas
para ver si la frontera entre lo vivo y lo difunto
disminuía la distancia a los estudiantes desaparecidos
pero el tormento ya estaba fraguado en las venas
y yo sentí la pezuña de dios en el pecho
mientras el cielo se volvía una fosa
que jalaba la caseta de cobro de Tepozotlán
los policías los conductores los estudiantes
todo caía tumbos arriba
caía a la región de los cadáveres

iii

La impotencia perfora las paredes de la noche
Durante el insomnio rebobino el cinema de mis veintes:
el arrojo: el gas pimienta: neblina férvida
asfixiando la potencia de cien mil vociferaciones

en la Av. Reforma que oscilaba por lo recio
Adentro del gas pimienta reventé mi espíritu
para hablar con los fantasmas
y los escuché decir Desaparecimos
pero no nuestra causa y eso jamás cesará
Sus ecos insuflaban algo más poderoso
que el gas pimienta a los pulmones
unas imposibles ganas de resistir
ante la embestida de cruces por lo alto
cruces con el nombre de cada uno
que yacía en la neblina férvida
pero aguanté la respiración en el trance
como un monje que se quema a lo bonzo
empaticé por un momento con lo que desaparece
y mi cabeza en llamas voló lejos del sometimiento
donde vi a los desaparecidos arropados de un manto estelar
infinitos lúcidos con el motivo de su muerte a viva voz
hechos lo incesante y el nunca
mientras la célula de granaderos sepultaba
las consignas de mis amigos en el concreto de la avenida

No hacen falta macanas palos o puños para pegar
la desmemoria es el golpe más duro al corazón
y esta herida inconclusa crece pulgadas con el tiempo
por el aire que aún traslada
el llanto de las huérfilas

Carlos Egaña

Carlos Egaña (Caracas, 1995) es un escritor venezolano radicado en Nueva York, donde cursó la maestría en Escritura Creativa en Español de NYU. Entre sus obras, destacan la novela *Reggaetón* (Ediciones Puntocero, 2022) y los poemarios *hacer daño* (Oscar Todtmann Editores, 2020) y *Los Palos Grandes* (dcir ediciones, 2017). Ha sido profesor de Estudios de Género y Narrativa Norteamericana Contemporánea en la Universidad Católica Andrés Bello, así como de lenguas modernas en distintos niveles educativos. Y ha publicado textos sobre artes plásticas, política latinoamericana y cultura pop en varios medios de Venezuela (como *Prodavinci* y *El Estímulo*) y los Estados Unidos (como *Jacobin* y *NACLA*).

los poetas de siete años (por cuatro)

no piensan más en sus madres
cuando se mojan en vino sus espíritus
y se llena de vanidad su vergüenza.

rompen con pasión
                                           las reglas
que solo conocen quienes se enceguecen
con la sabiduría de sus bolsillos.
pero no dejan de subir el tono, de volverse trompeta
cuando se les pierde el respeto a las sombras
(entre las cuales se cuentan).
luchan entre silencios rencorosos contra la mano
que pone los gramos sobre la mesa, sobre el mantel
como si fueran lonjas de cristal.
esperan ser seducidos por el dolor vuelto belleza,

la belleza vuelta maullido, los maullidos vueltos vómito,
pues no saben tender puentes de tinta en persona.

en contraste con los que esperan la gloria,
sudan sus esfuerzos en palabras solitarias
que ni manchan el papel.

y los aplausos

y los aplausos

y los aplausos

                    son   dedos   que   pajarean   con
             sosiego.

日月无光天地昏，
沉沉女界有谁援？
钗环典质浮沧海，
骨肉分离出玉门。
放足湔除千载毒，
热心唤起百花魂。
可怜一幅鲛绡帕，
半是血痕半泪痕！

Diciembre 2024
Buenos Aires Poetry
www.buenosairespoetry.com
www.editorialbuenosairespoetry.com